KB191159

땡스 갓 포 비트코인

THANK GOD for BITCOIN

땡스 갓 포 비트코인

타락한 돈을 구원할 새로운 돈

지미 송 외 7인 지음 | **강승구** 감수 · 기획 | **김명훈** 옮김

거인의 정원

추천사

이 책은 돈의 본질과 현대 화폐 시스템의 도덕적 기반을 날카롭게 해부하며, 성경의 시각에서 '정의로운 돈'이란 무엇인지 묻는 보기 드문 저작이다. 저자는 돈이 개인과 공동체의 영적, 사회적 구조를 형성하는 윤리적 도구임을 강조하며, 특히 부패한 화폐 제도가 어떻게 인간의 자유를 침해하고 교회를 타락시켰는지 설득력 있게 서술한다. 이 책은 비트코인을 단순한 기술이 아닌 더 도덕적이고 책임 있는 화폐의 대안으로 제시하면서 우리 신앙과 삶에 돈이 어떤 영향을 미치는지 고민하고 직시하도록 도와준다.

임영섭 경동교회 담임목사, 한신대학교 신학대학원 겸임교수

이 책은 비트코인에 대하여 말한다. 그러나 그것이 전부가 아니다. 오히려 이 책은 돈을 숭배하게 되는 사회제도는 무엇이며, 그 가운데 더 도덕적이고, 공정한 것은 무엇인지와

같은, 보다 근원적인 이야기를 전한다. 그래서 이 책은 비트코인뿐만 아니라, 신앙인으로서 '돈'에 대하여 새로운 통찰을 얻고자 하는 분들에게 추천한다. 이 책을 읽는 모든 분들이 돈에 대하여 튼튼한 기초를 쌓을 수 있을 것이다.

박선교 영국 맨체스터대학교 링컨신학연구소

이 책은 돈의 의미와 비트코인의 가치를 독창적인 시각으로 풀어낸 작품이다. 지미 송은 명목화폐가 부패된 역사를 날카롭게 비판하고 있으며, 비트코인이 자유와 희망을 되찾을 수 있다는 것을 설득력 있게 설명한다. 특히 기독교 관점에서 돈과 구원의 관계를 다룬 점이 인상 깊은데, 원문의 깊은 통찰을 한국어로 생생히 살려냈다. 비트코인에 관심 있는 이들에게는 기술 너머의 철학을 탐구할 기회를, 일반 독자에겐 돈에 대한 새로운 깨달음을 선사한다. 이 책을 통해 명목화폐의 현실과 비트코인의 미래를 탐구해보길 권한다.

아토믹 《비트코인 디플로마》 한국번역 기여자

비트코인을 깊이 이해할수록 'Stay Humble and Stack Sats(겸손하게, 사토시를 쌓아라)'라는 말이 기독교가 가르쳐온 절제, 근면, 이웃 사랑의 가치와 닮아 있다는 생각이 든다.

이 책은 단순한 기술서가 아니라, 돈에 대한 올바른 이해를 통해 우리가 어떻게 더 겸손하고 책임 있는 삶을 살아갈 수 있을지 묵직한 통찰을 던져준다.

백훈종 스매시파이 대표

《땡스 갓 포 비트코인》은 우리가 당연하게 생각했던 지금의 화폐 시스템이 어떻게 잘못되었는지를 정직하게 짚고, 왜 비트코인이 그 대안이 될 수 있는지를 따뜻하면서도 설득력 있게 이야기한다. 돈에 담긴 도덕성과 신앙의 의미를 함께 엮어내면서 기술을 넘어선 희망으로서의 비트코인을 보여준다. 읽는 내내 '돈'에 대해 다시 생각하게 되었고 꼭 주변에 권하고 싶은 책이다. 돈을 신앙적 관점에서 바라본 이 책의 통찰과 도전에 진심 어린 박수를 보낸다.

이장우 업루트컴퍼니 대표, 한양대학교 겸임교수

전 세계적으로 갈등과 분열이 심화되고 가치관이 파편화된 시대 속에서, 비트코인은 인류가 공유할 수 있는 보편적인 가치 저장 수단이자, 건전한 화폐가 될 자질을 갖추고 있다. 그리고 그 본질을 온전히 이해하는 사람만이 다가오는 세상에서 기회를 잡을 수 있다. 비트코인은 단순한 수익률 게임이 아니다. 디지털 세상에서 희소성을 온전히 구현한 '우량 자산'이며, 이를 제대로 이해하기 위해서는 먼저 '법정 통화'의 본질을 깨닫는 것이 필수적이다. 이 책이 그 역할을 충실히 해낼 수 있으리라 믿는다.

봉현이형 《나는 월급날 비트코인을 산다》 저자

시민들은 자신의 이익을 위해서 정치적 결정을 내린다. 왜 정치적 선택의 결과는 지역 간, 계층 간, 남녀 간에 뚜렷하게 차이를 부르는 것일까? 혹시 정치인들이 우리가 사용하는 법정화폐를 이용해 갈등을 부추길 수 있도록 중앙은행 시스템이 잘못 설계되지는 않았을까? 《땡스 갓 포 비트코인》은 비트코인의 기술적 혁신을 아우르며 철학적, 윤리적 가치를 심층 분석한 역작이다. 비트코인이 단순한 투기 수단이 아닌, 글로벌 금융 격차 해소의 실험적 대안으로 개인의 자유 확장과 국가적 번영을 촉진하는 혁신적 도구임을 설득력 있게 전달한다. 이 책은 비트코인이 가져올 긍정적 변화에 대한 통찰을 제공해 현대 화폐경제와 가상자산 산업의 건전한 발전에 큰 도움이 될 것이라 생각한다.

김규윤 비트코인 전문 금융중개 해피블록 대표

목차

머리말

자신이 외부의 지적 영향력에서 상당히 자유롭다고 생각하는
사람조차도 실은 죽은 경제학자의 노예로 살기 마련이다.

— 존 메이너드 케인스[*]

두 사람이 집을 지었습니다. 한 사람은 바위 위에, 다른 사람은 모래 위에 지었습니다. 두 집 모두 악천후를 견딜 수 있도록 매우 튼튼하고 안전하게 지어졌습니다. 둘 다 최상의 자재로 꾸며져 고급스러웠고 우아했습니다. 아주 작은 부분까지 세밀하게 만들어져 마치 예술작품 같았습니다. 구조도 비슷한 이 두 건축물은 마치 쌍둥이처럼 보였습니다.

어느 날 많은 비가 내렸습니다. 천둥이 치고 강풍이 몰아쳐 큰 홍수가 났습니다. 모래 위에 지은 집이 흔들리고 난간이 기울었습니다. 견고해 보이던 집이었지만 모래가 홍수

---

[*] John Maynard Keynes(1883~1946). 영국의 경제학자. 현대 거시경제학의 창시자 중 한 명으로 호황과 불황에 대해 재정정책을 사용할 것을 강력하게 주장하였다.

에 휩쓸려 같이 부서졌습니다. 기초가 무너진 것입니다.

반면 바위 위에 지어진 집은 폭풍우에 맞서 굳건히 버텼습니다. 모래 위의 집과 달리 이 집은 흔들림 없이 견고하게 우뚝 서서 자연의 거센 물살을 견뎌냈습니다. 두 집 모두 건축가가 의도한 대로 지어졌습니다. 하지만 집이 버티는 힘은 겉모습이 아니라 기초의 깊이와 위치에 달려 있었습니다.

사치스러운 장식이나 집을 짓는 데 사용한 자재의 품질은 중요하지 않았습니다. 폭풍이 올 때 비로소 두 집의 차이가 드러났으며 집의 기초가 시험대에 올랐습니다.

집을 지은 사람의 결정이 이 차이를 만들었습니다. 한 사람은 현명했고 다른 사람은 어리석었습니다. 현명한 결정을 내린 사람의 집은 피할 수 없는 폭풍의 시간을 견뎌낼 수 있었습니다. 어리석은 사람의 결정은 무너지는 집이라는 결과를 가져왔습니다. 비슷해 보이는 두 집의 겉모습은 별로 중요하지 않았습니다. 폭풍에 무너지는 집을 짓고 싶은 사람은 없을 것입니다. 하지만 많은 사람이 결국 그렇게 되는 쪽으로 살아갑니다.

우리 일상의 많은 부분에 이 비유를 적용할 수 있습니다. 개인적 관계 및 직업적 관계, 결혼, 심지어 세계 경제까지도 마찬가지입니다. 시간의 시험을 견뎌낸 경이로운 건축물에는 굳건한 기초가 필요합니다. 인간의 모든 성취 또한 마찬가지입니다. 탁월함은 시간을 견디려 하는 의지로만 달성될 수 있습니다.

이 비유는 집을 지은 두 사람이 어떤 경험을 가지고 있었는지에 대해서는 언급하지 않습니다. 다만 한 사람은 현명했고 다른 사람은 어리석었다는 것만 알려져 있습니다. 여러분이 집을 지어본 적이 있거나 그 과정에 익숙하다면 집의 기초를 다지기 전에 많은 준비가 필요하다는 것을 알고 있을 것입니다. 집을 지으려면 먼저 적당한 부지를 찾아야 합니다. 적합한 부지를 찾고 나면 측량사와 환경 전문가 등 숙련된 사람을 고용해야 합니다. 그리고 건축가, 전기기사, 배관공 등 많은 전문 인력과 상의해야 합니다.

우리는 매일 우리의 삶을 어떤 기초 위에 세울지 선택합니다. 이 우화를 현대에 적용해볼 때, 지혜와 어리석음을 구분하는 가장 좋은 방법은 집을 짓는 사람이 자기 능력과 한계를 인지하고 있는지일 것입니다. 사회의 중요한 문제를 혼자 이해해 보려는 것은 어리석고 헛된 일입니다. 더 나쁜 것은 "세상"의 설명 즉 주류 언론, 직업 정치인, 심지어 교회 지도자들이 해주는 편리한 설명에 의존하는 것입니다.

여러분, 우리의 화폐 제도는 모래 위에 기초하고 있으며 지금 경제적 폭풍이 덮쳐와 그 기초를 위협하고 있습니다. 우리 사회는 돈의 본질 자체를 근본적으로 변화시키는 태풍을 마주하고 있습니다. 눈앞에 닥친 이러한 변화는 인류가 거래하고 소통하며 협력하는 방식을 재편할 것입니다. 창세의 대홍수와 같은 사건이 짐바브웨와 베네수엘라 같은 나라들을 덮쳐 시민들이 힘들게 번 재산과 시간을 빼앗고 있습니다. 이는 결코 되돌릴 수 없습니다.

이 책은 독자들이 모래 위에 삶을 세우지 않도록 해주는 지혜를 담고 있습니다. 여러분의 삶은 꿈을 지탱할 수 있는 튼튼하고 안정적인 기반 위에 있어야 합니다. 어떤 꿈이든 튼튼한 구조물이 되려면 튼튼한 기초가 필요합니다. 비트코인을 받아들이는 것은 튼튼한 구조물 위에 경제를 건설하는 것과 같습니다. 비트코인은 한계가 없는 활용 범위를 가진 좋은 돈입니다.

이 책은 미래를 보여줍니다. 여러분을 자유롭게 하는 지식을 이 책에서 얻기를 소망하고 또 기도합니다. 비트코인을 공부하면 비트코인에 몰입하게 될 것입니다. 비트코인이 주는 가능성은 무궁무진합니다.

앞으로 이 책을 읽으면서 자신에게 다음 두 가지 질문을 하시기를 권합니다.

"돈이란 무엇인가?" "나에게 어떤 도움을 주는가?"

아무도 이 대답을 대신해줄 수 없습니다. 이 책을 읽고 나면 남에게 물어볼 필요도 없을 것입니다.

2020년 11월
러셀 오쿵

들어가는 글

돈은 매우 영적입니다. 모든 인간관계 또한 영적이며 돈은 인간관계에서 큰 부분을 차지합니다. 사업적 관계는 돈으로 정의됩니다. 가족관계 및 개인적 관계도 돈에 영향받는 경우가 많습니다. 심지어 낯선 사람들 간의 관계도 거래를 통해 돈으로 연결됩니다.

돈은 우리가 공동체의 일원으로 살아가는 데 중요한 역할을 하므로 돈과 무관한 인간관계는 거의 없습니다. 디모데전서 6:10은 "돈을 사랑함이 일만 악의 뿌리가 되나니"라고 말합니다. 돈에 대한 사랑은 살인이나 도둑질, 기만, 증오와 같은 온갖 종류의 죄를 저지르는 동기가 됩니다. 돈은 사람을 노예로 만들기도 하는데 우리는 이를 고리대금이라 부릅니다. 반면에, 돈이 선한 일을 위한 도구가 되기도 합니다. 우리는 돈으로 자선과 친절을 베풀고 사랑을 표현합니다. 돈은 우리가 유익한 것을 창조하도록 힘을 실어주고 동기를 부여하며 보상을 줍니다. 돈은 노동의 결실을 저장하여 어려운 시기를 대비할 수 있게 합니다. 돈은 우리가 하는 거의 모든 일에 꼭 필요합니다.

영적으로 이토록 중요한 돈이지만, 많은 그리스도인이 돈을 경박하고 세속적인 것으로 취급합니다. 심지어 이보다 더 나쁜 것으로 생각하기도 합니다. 이러한 태도는 성경의 가르침과 맞지 않습니다. 성경은 돈에 대해 의롭고 현명하게 접근하는 것이 얼마나 중요한지 강조하고 있습니다.

성경은 금전적 비유로 가득합니다. 성경 전체에 펼쳐지는 구원 서사도 빚, 탕감, 대속과 같은 돈의 언어로 묘사됩니다.

돈은 우리의 인간관계에 깊이 들어와 있습니다. 따라서 돈이 우리에게 미치는 영적 영향은 매우 광범위합니다. 탐욕과 시기, 권력에 대한 욕망은 돈을 숭배하여 생기는 많은 부정적인 결과 중 일부일 뿐입니다. 이 죄들은 비난받아 마땅합니다. 하지만 우리는 이 죄를 저지르도록 조장하는 사회제도에 대해서는 거의 말하지 않습니다.

이 책은 우리가 살고 있는 화폐 시스템과 이 시스템에 숨겨져 있는 도덕적이고 영적인 의미에 관해 이야기합니다. 음식 생산 시스템에서 음식이 만들어지듯 화폐 시스템에서 돈이 만들어집니다. 우리 눈에 보이는 세상은 그 배후에서 일어나는 일에 영향을 받습니다. 이 책은 개인 재정 관리에 관한 책이 아닙니다. 배후에서 일어나는 일의 도덕적, 영적 의미를 설명합니다. 즉 소시지가 어떻게 만들어지는지에 초점을 맞출 것입니다.*

이 책의 목적은 돈이 무엇인지에 대해 기초 개념을 정리하고 현대 화폐 제도의 문제를 살펴본 다음, 우리가 매일 마주치는 경제 환경에 대해 건전하고 희망적인 대안을 제시하는 것입니다. 돈은 우리 사회의 정체성에 크게 영향을 미치며, 우리가 만든 화폐 제도는 우리의 가치관을 그대로 보여줍니다. 이 점을 염두에 두고 이 책의 구성을 살펴보겠습니다.

1장과 2장은 돈이란 무엇인지에 대해 이야기합니다. 1장은 신학적 관점에서 돈을 설명합니다. 특히 우리 삶에 영향

---

* 독일의 재상 오토 폰 비스마르크가 '법은 소시지와 같아서 만드는 모습을 안 보는 게 낫다'라고 말한 것으로 알려져 있다.

을 주는 돈의 역할과 그로 인해 우리가 마주하게 되는 영적 상황을 다룹니다. 2장은 역사적인 관점에서 돈을 설명합니다. 금속덩어리부터 오늘날의 부채 기반 법정화폐 제도에 이르기까지 돈의 여러 혁신과 그에 따른 도덕적 실패를 이야기합니다.

3장과 4장은 현대 화폐 제도가 어떻게 우리 사회를 타락시켰는지 설명합니다. 3장은 인플레이션을 분석하고 인플레이션이 어떻게 수많은 나라를 파괴했는지에 대해 다룹니다. 4장은 법정화폐를 분석합니다. 법정화폐가 어떻게 동작하고 어떻게 도둑질의 도구로 사용되는지 보여줍니다.

5장, 6장, 7장은 현재 화폐 제도의 도덕적 결과에 대해 살펴봅니다. 5장은 우리의 화폐 제도가 어떻게 정치를 타락시켰는지 알아봅니다. 6장은 화폐 제도가 개인에 미친 영향을, 7장은 교회에 미친 영향에 초점을 맞춥니다.

8장과 9장은 앞에서 말한 문제에 대해 우리가 무엇을 할 수 있는지 살펴봅니다. 8장에서는 현행 화폐 제도의 도덕적으로 우월한 대안으로 비트코인을 제시합니다. 9장은 비트코인이 돈을 정치적, 개인적, 영적으로 구원하는 방법에 대해 말하며 책을 마무리합니다.

우리는 영적 영역에서 삶의 의미를 찾습니다. 시간과 인간관계, 신념은 눈에 보이지 않지만, 삶 속에 항상 존재합니다. 세상의 현재 모습은 우리가 가진 인간관계를 모두 합친 것이며 우리의 인간관계는 우리의 화폐 제도에 크게 영향을 받습니다. 화폐 제도를 이해하면 더 나은 세상을 향해 나아갈 수 있습니다.

하지만 이런 변화는 우리 자신으로부터 시작돼야 합니다. 성경은 이를 '지혜'라 부르며 지혜는 돈보다 낫습니다.

지혜를 얻는 것이 금을 얻는 것보다 얼마나 나은고 명철을 얻는 것이 은을 얻는 것보다 더욱 나으니라.
— 잠언 16:16

이 책에서 여러분은 돈에 대한 통찰과 지혜를 보게 될 것입니다. 그럼, 기초적인 질문부터 시작해봅시다.

"돈이란 무엇인가?"

Chapter 1

돈에 대한 이해

THANK GOD
for
BITCOIN

— 호세아 4:6

돈.

이 단어를 들으면 어떤 생각이 드나요? 어떤 감정이 들고 그 이유는 무엇인가요? 야망? 부담감? 압박감? 왜 이렇게 느낄까요?

이 질문에 대한 답은 돈이 우리에게 미치는 영향력을 보여줍니다. 많은 사람이 돈 때문에 행복, 불안, 좌절, 스트레스, 무력함을 느낍니다. 돈으로 인해 많은 사람이 스스로 목숨을 끊지만 돈으로 인해 많은 나라가 가난에서 벗어나기도 합니다. 돈은 결혼생활을 파탄에 이르게 하기도 하지만 대가족을 오랜 세월 동안 번창하게 하기도 합니다. 돈 때문에 전쟁이 시작되었고 돈 때문에 전쟁이 지속되었습니다.

돈은 인간의 경험과 밀접하게 연결되어 있습니다. 돈의 영향력에서 벗어날 수 있는 사람은 아무도 없습니다. 삶의 방식이나 현대 화폐 제도에 대한 개인적 견해와 상관없이 모두가 돈의 영향력 안에 있습니다.

신약성경은 돈과 관련된 용어와 비유로 가득 차 있지만 돈에 관한 이야기는 그리스도인 사이에서 금기시됩니다. 돈에 관해 이야기한다고 해도 기껏해야 십일조의 중요성에 대한 설교를 듣거나 청지기 정신에 관해 성경 공부를 할 때뿐입니다. 하지만 이는 모두 돈을 어떻게 사용할지에 대한 것일 뿐 돈 자체에 대한 이해와는 상관없습니다.

우리는 돈을 어떻게 쓸지, 어떻게 벌지, 어떻게 아낄지에 집중하곤 합니다. 아마 경제학에서 돈은 가치 저장의 수단이자 교환의 수단이며 계산의 단위라고 배웠을지 모릅니다. 우리는 돈을 삶의 일부분으로 받아들이지만 돈이 가지고 있는 기본적 가정에 대해 생각해본 적이 거의 없습니다. 어쩌면 이런 질문을 해본 적도 없을 것입니다.

— 돈이란 무엇인가?

— 왜 존재하는가?

— 무엇 때문에 만들어졌는가?

— 어떻게 작동하는가?

돈이 어디서 기원했는지, 몇 가지 유형이 있는지, 돈이 우리 사회의 도덕성에 어떤 방식으로 영향을 끼쳤는지 알고 있는 사람도 거의 없습니다.

왜 그럴까요?

인간관계에 아주 근본적이고 중요한 돈을 먼저 교육하는 게 합리적이지 않나요? 버크셔 해서웨이*의 부회장 찰스 멍거는 이렇게 말했습니다. "동기를 보면 결과를 알 수 있다." 우리가 돈의 본성에 대해 잘 모르는 이유는 간단합니다. 돈을 불분명하고 복잡하고 어려운 것처럼 보이게 하려는 강력한 동기가 있는 것입니다.

호세아 선지자는 하나님을 대언하여 이스라엘의 지도자들이 백성을 옳은 길로 인도하지 못함을 책망했습니다. 지식이 부족한 사회는 억압과 불의와 고통에서 멀지 않다고 하나님은 말씀하셨습니다. 권세를 가진 소수의 사람이 무지를 이용해 다수를 착취합니다. 사람들이 돈에 대해 잘 모르는 것이 바로 착취의 증거입니다. 권력자들은 다수의 대중이 알아차리기 어렵게 돈에 대한 진실을 숨겨놓았습니다.

---

* 미국의 유명 투자 회사로 워런 버핏(Warren Buffett)이 회장이자 최고경영자로 재직하고 있다.

이 책의 목적은 이 무지의 어둠에 빛을 비추는 것입니다. 돈이 무엇이고 어떻게 타락하는지, 그리고 이 문제를 해결하기 위해 무엇을 할 수 있는지 설명하려 합니다.

돈의 역할

네 보물이 있는 그곳에 네 마음도 있느니라

— 마태복음 6:21

돈이 있으면 가진 것을 필요한 것으로 바꿀 수 있습니다. 돈은 힘의 원천입니다. 돈은 삶의 한계를 넘어서게도 합니다. 그러니 많은 사람이 돈을 좇고, 돈을 사랑하고, 돈을 위해 살며, 돈을 얻기 위해 무엇이든 하려는 것입니다.

우리가 돈을 쓰는 방식은 우리가 무엇을 진실되고, 선하고, 옳고, 중요하다고 믿는지를 보여줍니다. 돈을 쓰는 것은 "나는 이게 필요해"라고 말하는 것과 같은 의미이며 우리가 사랑하는 것과 두려워하는 것을 드러냅니다. 즉, 돈은 돈을 쓰는 사람의 가치를 표현합니다.

우리 사회는 돈이 평화와 안전, 자유, 기쁨을 가져온다고 생각합니다. 이는 이민족들이 신을 섬기는 방식과 비슷합니다. 다른 모든 신들처럼 돈 역시 희생을 요구하는 신입니다. 희생은 일work의 모습으로 표현됩니다. 돈을 벌기 위해 우리는 가족과 시간, 수면을 희생해야 합니다.

돈을 벌기 위해 일하는 것이 본질적으로 잘못됐다거나 부도덕하다고 할 수는 없습니다. 하지만 금전적 이득을 궁극적인 목표로 삼으면 위험하다는 것은 알고 있어야 합니다. 이와 관련해서 자주 간과되는 사실을 살펴볼 필요가 있습니다.

첫째, 어떤 일을 하느냐가 중요합니다. 살인청부업자는 큰돈을 벌 수 있지만, 벌이가 좋다는 것이 그 일을 해야 한다는 의미는 아닙니다.

둘째, 동기가 중요합니다. 돈이 안전이나 장수longevity 혹은 행복을 보장하지는 않습니다. 부유한 사람들도 병에 걸리거나 살해당합니다. 비극적으로 스스로 목숨을 끊기도 합니다. 아주 불행한 사람 중 일부는 말도 안 되게 부유합니다. 돈으로 집, 개인 비행기 심지어 스포츠팀까지 살 수 있지만 기쁨은 살 수 없습니다. 우리는 돈으로 충만함을 살 수 있을 거라 기대하지만 돌아오는 것은 더 큰 결핍뿐입니다. 반대로 사도 바울은 디모데에게 "자족하는 마음이 있으면 경건은 큰 이익이 되느니라"라고 했습니다. 돈은 많은 물질적 문제를 해결할 수 있습니다.

하지만 돈은 하나님과 사람을 사랑하기 위한 도구로 만들어진 것입니다. 자존감이나 정체성, 행복을 찾기 위해 만들어진 것이 아닙니다.

셋째, 우리가 사용하는 돈의 유형은 그것을 사용하는 사람에게 엄청난 영향을 미칩니다. 모든 돈이 같게 만들어진 것은 아닙니다. 돈은 도구이며, 필요나 목적이 명확해진 후에 만들어집니다. 도구가 부도덕한 목적으로 설계되었다면 그 도구를 사용하는 사람도 영향을 받습니다.

이 책에서 우리는 방금의 세 번째 문제에 대해 더 알아보려고 합니다. 돈이 만들어진 목적과 돈이 타락하게 된 이유를 이해하면 우리에게 닥친 문제를 밝혀낼 수 있습니다.

돈의 어떤 특성 때문에 우리 공동체, 특히 기독교 공동체가 돈에 대해 두려움과 불편함을 느끼는 걸까요? 그리스도인으로서 돈이 무엇인지 이해하지 못한다면 돈의 부도덕함과 싸울 수도, 돈의 선한 잠재력에 감사할 수도 없습니다. 근본적으로 돈은 하나님이 주신 선물입니다.

하나님의 형상으로 지어지다

하나님이 자기 형상 곧 하나님의 형상대로 사람을 창조하시되

— 창세기 1:27

우리는 하나님의 형상으로 지어졌습니다. 그래서 우리는 유용한 것을 우리 손으로 창조할 수 있는 신성한 권능을 하나님께 받았습니다. 이 능력으로 인해 우리는 혼돈을 질서로 바꿀 수 있으며, 놀라우면서 막중한 책임 또한 지게 됩니다. G.K. 체스터턴*이 말했듯 "죽은 것은 떠내려 갑니다. 오직 살아 있는 것만이 거슬러 오릅니다".

우리는 일상의 근로와 자발적인 교환으로 하나님의 형상을 드러냅니다. 공동체는 거래와 교환을 통해 함께 일하며, 혼자 일하는 것보다 더 많이 생산합니다. 공동의 목적과 소속감 그리고 공동체 의식을 가지고 협력함으로써 더

---

*   G.K. Chesterton(1874~1936). 20세기의 가장 영향력 있는 영국 작가 중 하나. 재기발랄하고 독창적인 역설을 잘 사용하여 '역설의 대가'라는 칭호를 얻었다.

많은 것을 만들 수 있습니다. 이것이 바로 역엔트로피anti-entropy 원리입니다.

돈은 어떤 사회에서든 가장 쉽게 거래할 수 있는 자산입니다. 투입한 노동의 넓이와 깊이를 확장하는 교환 수단으로써 돈은 사람들 간의 협력을 촉진합니다. 문명이 꽃피는 데 이토록 중요한 역할을 한 돈은 하나님이 주신 선물임이 틀림없습니다. 그러나 일상의 필요를 넘는 욕심과 부유함에 대한 욕정으로 인해 이 선물에 딜레마가 생겼습니다.

돈을 섬기는 것

한 사람이 두 주인을 섬기지 못할 것이니 혹 이를 미워하고
저를 사랑하거나 혹 이를 중히 여기고 저를 경히 여김이라
너희가 하나님과 재물을 겸하여 섬기지 못하느니라
— 마태복음 6:24

우리는 창조주보다 피조물을 섬기도록 하는 유혹에 끊임없이 마주칩니다. 우리는 선물을 주신 분이 아닌 선물 그 자체

에 미혹됩니다. 하지만 예수님이 말씀하셨듯 이 상황은 지속될 수 없습니다. 우리는 하나님을 사랑하든 돈을 사랑하든 둘 중 한 가지만 택해야 합니다.

우리는 돈에 대해 잘 모릅니다. 돈에 대한 깊이 있는 토론도 부족합니다. 하지만 돈에 대한 애착은 거리낌 없이 내보이곤 합니다. 이러한 애착은 대중문화에서 볼 수 있는 부의 과시 또는 남들에게 뒤처지지 않으려는 욕망 때문만은 아닙니다. 우리는 돈을 자유와 행복 그리고 자존감과 연결합니다. 사람들은 우리가 가지고 있는 돈의 크기로 우리를 평가하고 가끔은 우리 자신도 그렇게 합니다.

돈에 대한 강박은 계층을 가리지 않습니다. 모든 계층의 사람이 돈을 벌고, 모으고, 쓰고, 투자하는 것에 같은 강박을 가지고 있는 듯합니다. 우리는 그냥 본능적으로 탐욕적인 걸까요? 왜 많은 사람이 다른 사람의 행복, 심지어 자기 자신의 행복보다 경제적 이익을 우위에 둘까요? 이기심은 우리의 세상적 실존과 단단히 연결되어 있습니다. 우리는 그저 이기심이 변하여 탐욕이 되는 시스템이 만들어지지 않기를 희망할 뿐입니다.

돈이 무엇인지 이해한다면 돈의 지배력을 줄일 수 있습니다. 돈은 타락하여 우리를 미혹하고 자유를 앗아갑니다.

하지만 교회는 돈이 무엇이고 어떻게 작동하는지 거의 가르치지 않습니다. 교회의 지도자들도 그저 우리처럼 돈의 부정적 영향과 오해에 시달릴 뿐이니 그들이 돈에 대해 설교하지 않는 것도 그리 놀라운 일은 아닙니다.

돈이 삶을 지배하게 둬서는 안 됩니다. 돈이 집착과 고통의 원인도 될 필요가 없습니다. 우리는 돈을 감사함으로 받아들이고 돈을 우리를 위한 선한 선물로 여길 수 있습니다.

모든 돈이 똑같게 만들어진 것은 아닙니다. 도덕적인 돈과 부도덕한 돈이 역사적으로 공존해 왔습니다. 돈이 부정하게 변해가는 역사적 과정을 알게 되면 현재 우리가 사용하고 있는 불건전한 화폐에 내재한 부도덕함을 피할 수 있습니다. 오늘날의 돈이 어떻게 우리를 망치고 있는지 살펴보기 전에, 우리는 한발 물러나서 일이란 무엇이고 어떻게 돈과 연결되어 있는지 알아야 합니다.

심은 대로 거두리라

스스로 속이지 말라 하나님은 업신여김을 받지 아니하시나니

사람이 무엇으로 심든지 그대로 거두리라

— 갈라디아서 6:7

하나님은 어떤 종류의 세상이든 만드실 수 있었습니다. 생각만 하면 무엇이든 이루어지는 세상을 만드실 수 있었고, 기도를 통해 모든 것이 성취되고 요청하는 모든 것이 이루어지는 세상을 만드실 수 있었습니다. 하나님이 인류의 집사가 되셔서 무엇이든 직접 창조하시고 사람의 필요를 채워 주실 수 있었습니다.

"배고프니?" 펑. "샌드위치야."

"목마르니?" 펑. "레모네이드란다."

하지만 우리가 찾은 하나님은 이 창조의 책임을 피조물들과 나누고 싶어 하시는 분입니다.

하나님은 태초에 기적과 같이 세상을 창조하시고 우리를 동역자로 삼으시며 우리에게 자율성을 주셨습니다. 그리

고 그 이후의 창조는 자연적 이치에 맡기셨습니다. 즉 하나님께서는 살아 있는 것에게 생육하고 번성할 수 있는 의지와 능력을 주신 것입니다. 우리는 씨를 심고, 땅을 고르는 수고를 들여야 열매를 얻을 수 있습니다. 심지 않고서는 열매를 거둘 수 없습니다. 일을 해야 거둘 수 있습니다.

바울이 갈라디아의 교인들에게 말한 바와 같이 일과 보상의 관계는 변하지 않습니다. 심고 거두는 원리는 우리의 세계에 깊이 새겨져 있습니다. 하나님은 투자와 보상 원칙을 세상의 한 부분으로 설계하셨고 일을 인간 존재의 한 부분으로 만드셨습니다.

일과 도둑질

도둑질하는 자는 다시 도둑질하지 말고 돌이켜 가난한 자에게
구제할 수 있도록 자기 손으로 수고하여 선한 일을 하라

— 에베소서 4:28

일을 이해하지 못하면 돈을 이해할 수 없습니다. 일이 삶의

일부이듯이 돈도 삶의 일부입니다. 일은 가치 있는 무언가를 창조하는 행위입니다. 도둑질은 반대입니다. 다른 사람으로부터 가치 있는 것을 빼앗습니다. 경제학자들은 도둑질을 '제로섬zero-sum'이라고 말합니다. 즉 도둑질은 집단 전체에 순이익을 주지 못하며 도둑의 이익은 다른 사람의 손해입니다. 다시 말해 일은 창조하고 도둑질은 파괴합니다.

십계명 8조는 도둑질이 잘못이라고 말합니다. 세상 사람들 또한 도둑질이 자연법에 어긋난다고 생각합니다. 도둑질이 우리의 원초적 감정을 건드리기 때문입니다. 도둑질은 사람 사이의 신뢰를 무너뜨려 협력의 과실을 얻지 못하게 합니다. 도둑질이 정의롭지 못하다고 생각하는 감정은 선천적인 것으로, 아주 어린아이뿐 아니라 영장류와 포유류에서도 관찰된 바 있습니다. 사유재산을 믿지 않거나 돈을 싫어한다고 주장하는 열렬한 공산주의자조차도 도둑질을 당한다면 몹시 분노할 것입니다.

일은 힘듭니다. 일은 무에서 유를 창조하며, 흔히 "수고의 열매"에 비유됩니다. 일은 세상에 가치를 더합니다. 새로운 상품과 서비스를 만들어 사람들의 삶을 개선함으로써 공동체와 국가를 이롭게 합니다.

가치를 더하는 일은 보상받아야 하고 가치를 파괴하는

도둑질은 처벌받아야 합니다. 도둑질은 우리 안에 있는 영광스러운 하나님의 형상을 훼손하며, 따라서 비인간적이고 비도덕적입니다.

돈이 있어야 할 곳

남에게 대접을 받고자 하는 대로 너희도 남을 대접하라

— 누가복음 6:31

예수님은 하나님을 사랑하고 네 이웃을 사랑하라는 두 계명으로 우리를 향한 하나님의 계획을 함축하셨습니다. 하나님께서는 처음부터 우리가 서로 사랑하는 세상을 창조하려 하셨습니다.

대부분 사람은 공동체 안에서 살아갑니다. 왜냐하면 사람들은 상호의존적이며, 번영하려면 협력해야 하기 때문입니다. 공동체 안에서 사람들은 전문적인 기술을 개발하고 수고의 열매를 교환합니다. 이는 정부 기관을 통해 중앙에서 통제될 수도 있고 필요에 따라 자발적으로 이루어질 수도 있습니다. 중앙에서 통제하는 "협력"에 대해 5장에서 이야기하겠지만, 역사적으로 볼 때 공동체가 작동했던 방식은 주로 자발적 교환이었습니다. 이때 바로 돈이 필요합니다.

우리는 돈으로 일의 가치를 쉽게 측정할 수 있습니다. 공동체의 장점 중 하나는 전문화입니다. 혼자 곡식을 키우고 집을 직접 짓고 옷을 직접 만드는 현대인을 상상하기는 어렵습니다.

전문화란 각 사람이 서로 다른 상품과 서비스를 생산하는 것을 의미합니다. 소를 키우는 것의 가치는 얼마일까요? 집을 짓거나 셔츠를 만드는 것은 어떨까요? 우리는 이 모든 것을 교환하고 측정하는 수단으로 돈을 사용할 수 있습니다.

건전한 화폐 제도에서 우리는 저축도 할 수 있습니다. 돈을 위해 희생한 오늘의 시간을 비슷한 가치를 지닌 내일의 무언가로 바꿀 수 있습니다. 돈이 있어야 우리는 미래를 위해 저축할 수 있으며 좋은 시절에 더 많이 일하여 나쁜 시절을 대비할 수 있습니다. 전체 공동체가 같은 생각을 한다면 돈은 구성원들의 안전을 지키는 데 도움이 될 것입니다.

돈의 설계

너희를 위하여 보물을 땅에 쌓아 두지 말라

거기는 좀과 동록이 해하며 도둑이 구멍을 뚫고 도둑질하느니라

오직 너희를 위하여 보물을 하늘에 쌓아 두라

거기는 좀이나 동록이 해하지 못하며

도둑이 구멍을 뚫지도 못하고 도둑질도 못하느니라

— 마태복음 6:19~20

우리는 돈을 약속이나 호의로 생각할 수 있습니다. 이 약속이나 호의는 거래가 가능합니다. "부자"는 일을 통해 호의를 많이 베푼 사람이고 "빈자"는 호의를 거의 베풀지 않은 사람입니다. 돈을 통해 우리는 누군가에게 제공한 가치를 기록으로 남길 수 있습니다. 과거에 가치를 제공한 사람은 미래에 정당하게 돌려받을 수 있습니다.

이것은 예수님께서 천국에 보화를 쌓으라고 하신 말씀과 같은 원리입니다. 우리가 가난하고 억압받는 사람들을 섬긴 것에 대해 이 땅에서 축복받지 못할 수도 있습니다. 하지만 하나님은 천국의 보화를 약속하십니다.

돈은 문명의 설계에 필수적입니다. 가장 경건한 화폐 제도라도 하나님의 뜻을 온전히 나타낼 수 없는 것은 확실하지만, 돈의 참된 목적은 하나님의 의도를 드러내는 데 있습니다. 도덕적인 화폐 제도에서 우리는 자발적인 일을 통해 돈을 법니다. 반면에 부도덕한 화폐 제도에서 우리는 돈을 빼앗깁니다.

도둑질 = 일을 훔치는 것

도둑이 오는 것은 도둑질하고 죽이고 멸망시키려는 것뿐이요
내가 온 것은 양으로 생명을 얻게 하고 더 풍성히 얻게 하려는 것이라
— 요한복음 10:10

도둑질하는 사람은 공동체에 이바지하지 않고 이득을 취합니다. 이는 정의를 훼손하는 결과를 가져옵니다. 일하는 사람이 노력의 대가로 보상을 받을 때 훔치는 사람은 부당한 이득을 취하며 이는 본질적으로 불로소득입니다.

돈을 벌려면 공동체의 필요를 파악하고 좋은 상품이나

서비스를 만들어 공동체의 필요를 채워야 합니다. 그렇지 않으면 결국 쓸데없는 일을 한 것이 되고 돈을 거의 벌지 못합니다. 감자밭이 많은 마을에 사는 농부가 감자를 키운다면 하나도 팔지 못할지 모릅니다. 하지만 마을에서 가장 맛있는 감자를 키운다면 누구보다 많이 팔 수 있을 것입니다.

도덕적이고 자유로운 시장에서는 공동체를 잘 섬기는 사람이 성공합니다. 이들이 번 돈은 섬김의 결과이고 공동체가 그에게 보낸 간접적인 신뢰를 나타냅니다. 자유시장에서는 공동체를 가장 잘 섬긴 사람이 가장 큰 혜택을 받습니다. 가치 있는 일을 하려면 감정과 시간 그리고 좋은 품성 등이 필요합니다.

반면 도둑질을 하려면 훨씬 적은 시간만 투자하면 됩니다. 좋은 품성이나 노력도 별로 필요치 않습니다. 도둑질은 도둑에게만 이익이 되며 비용은 항상 공동체가 치릅니다. 도둑질은 현재 우리의 화폐 제도에 깊숙이 뿌리내려 있습니다. 앞으로 좀 더 살펴보겠지만 오늘날 새로 발행되는 모든 지폐는 공동체에서 훔친 재산입니다. 현대 금융 제도의 중심에 자리 잡은 이 약탈적이고 부패한 도둑질은 돈의 원래 목적과 정반대로 작용하고 있습니다.

마귀의 다른 이름은 "훔치고 멸망시키는 도둑"입니다.

우리는 일할 때 하나님을 닮아가며 도둑질할 때 마귀를 닮아갑니다.

결론

많은 사람이 돈은 도덕적으로 중립적인 도구일 뿐이라고 생각합니다. 돈을 누가 어떻게 쓰는지가 더 중요하다고 생각합니다. 예를 들어 살인청부업자를 고용하려고 돈을 쓰면 악하지만 가난한 사람을 도와주기 위해 쓰면 선한 것이라고 말합니다. 하지만 이런 생각은 돈의 도덕적 특징에 대해 아무것도 말해주지 않습니다. 돈으로 무엇을 했는지를 설명할 뿐입니다.

돈은 독특한 도구입니다. 거래를 위해 사용되는 특별한 상품이며 구조의 본질상 사회의 도덕성에 큰 영향을 미칩니다. 돈이 도덕적으로 중립적이라면 모든 돈의 형태나 구성이 같아야 합니다. 그러나 실제로는 도덕적인 돈과 부도덕한 돈이 있으며, 우리의 행동은 쓰는 돈의 종류에 따라 영향을 받습니다.

다음 장에서 상품화폐와 신용화폐 그리고 법정화폐를 포함한 돈의 다양한 형태에 대해 이야기합니다. 각각의 화폐는 서로 다른 경제적 인센티브를 가지고 있고 그에 따른 미혹도 서로 다릅니다. 돈의 형태가 중요한 이유는 특정 형태의 돈이 다른 돈보다 도둑질을 더 부추기기 때문입니다.

돈을 훔치기 어려운 공동체에서는 가치 있는 일을 하는 사람에게 보상이 돌아가는 시스템이 생깁니다. 돈을 훔치기 쉬운 공동체에서는 절도가 늘어나고 가치 있는 일을 하는 사람들이 낙담하게 되며 공동체는 망가집니다. 이상적인 화폐 시스템에서는 정직하게 일하여 돈을 버는 것이 쉽습니다. 반대로 도덕적으로 혐오스러운 화폐 시스템에서는 정직하게 일하여 돈을 버는 것이 어렵고 도둑질이 쉬워지는데, 불행히도 이것이 우리가 지금 사용하는 화폐 제도입니다.

이제부터 돈의 역사를 살펴보며 현재 우리가 어디에 있고 어떻게 여기까지 오게 되었는지 살펴보겠습니다. 거래가 점점 쉬워진 과정과 그에 따라 생기는 도둑질의 미혹에 대해 보게 될 것입니다.

Chapter 2

돈의 역사

THANK GOD
for
BITCOIN

화폐의 역사는 잘못된 의도와 뜻밖의 결과 그리고 수많은 미혹으로 가득 차 있습니다. 다양한 문명이 각기 다른 화폐를 사용했고 이는 경제뿐만 아니라 사람들의 일상생활과 법률 시스템 그리고 정부의 형태까지 좌우했습니다.

화폐는 점점 쓰기 쉽고 편리한 쪽으로 바뀌어 왔습니다. 이 장에서는 돈의 역사를 살펴보면서 특정한 변화가 왜 이루어졌는지, 그리고 그 변화의 도덕적 결과에 초점을 맞출 것입니다.

돈은 역사 속에서 다양한 도덕적 영향력을 행사해 왔습니다. 돈을 향한 인류의 분투는 예수님이 마태복음에서 말

쓰하신 "좁은 문"의 비유와 비슷합니다. 오늘날 우리가 쓰는 종이화폐는 나태함의 상징인 넓은 문에 비유할 수 있습니다. 종이화폐 시스템은 돈을 악용하였고 우리를 타락으로 이끌었습니다. 그 결과 전쟁, 노예제, 기근 등이 나타났습니다.

이 주제를 더 자세히 살펴보기 전에 돈의 역할을 다시 한번 생각해봅시다.

돈의 역할

돈은 거래를 위한 도구입니다. 또한 돈은 어느 사회에서든지 가장 거래하기 쉬운 자산입니다. 돈은 시간과 공간을 넘어 가치를 옮길 수 있습니다. 이 일반적인 정의에 따르면 거의 모든 물리적 객체가 돈의 역할을 할 수 있습니다. 역사적으로 조개껍데기부터 은까지 다양한 물건이 돈으로 사용되었습니다. 오늘날에도 고등어 통조림이나 4리터짜리 타이드 세제* 병이 교도소나 빈민가에서 돈으로 사용됩니다. 이

---

* 　미국에서 가장 유명한 세탁 세제.

런 선택은 얼핏 이상해 보이지만 돈의 역할에 대한 단서를 제공합니다.

거래를 하려는 두 사람의 예를 들어보겠습니다. 한 사람은 오렌지를 키우고 다른 사람은 집을 가지고 있습니다. 오렌지를 키운 사람은 집을 갖고 싶어 하고 집을 가진 사람은 오렌지를 갖고 싶어 합니다. 그렇지만 이 상황은 여러 이유로 거래를 통해 해결되지 않습니다.

첫째, 규모의 문제입니다. 집의 소유자는 집의 가치만큼 많은 오렌지가 필요하지 않을 것입니다. 그렇다고 집의 일부분을 거래하는 것도 이상합니다.

둘째, 위치의 문제입니다. 오렌지를 키운 사람은 집을 가지고 싶지만, 그 집이 엉뚱한 장소에 있을 수 있습니다. 오렌지를 옮기는 것은 쉬워도 집을 옮기는 것은 어렵습니다.

셋째, 시간의 문제입니다. 집의 소유자와 오렌지 소유자의 필요가 맞아떨어진다 해도 여전히 문제가 남습니다. 집을 사기 위해 충분한 양의 오렌지를 키우는 데는 많은 시간이 필요하기 때문입니다. 몇 년이 걸릴 수도 있고 또 그동안 먼저 수확한 오렌지가 상할 수도 있습니다. 집은 내구성 측면에서 오렌지보다 낮습니다.

이런 이유로 사회에는 돈이 필요합니다. 거래의 규모, 거래 물건의 위치, 거래가 진행되는 시점은 매우 다양합니다. 돈은 이런 문제를 해결하기 위한 교환 수단입니다.

돈의 특성

첫째, 돈은 분할이 가능해야 합니다. 규모의 문제에 발목 잡히지 않도록 작은 조각으로 나눌 수 있어야 합니다. 돈으로 오렌지와 집을 모두 살 수 있어야 합니다.

둘째, 돈은 옮기기 쉬워야 합니다. 한 장소에서 다른 장소로 쉽게 전달되어야 합니다. 즉 돈은 '위치의 문제'를 해결해주어야 합니다.

셋째, 돈은 튼튼해야 합니다. 물리적으로 망가져서는 안 됩니다. 이런 관점에서 오렌지는 돈으로 적합하지 않습니다.

넷째, 돈은 알아보기 쉬워야 합니다. 돈의 진위 또한 쉽게 파악할 수 있어야 합니다. 간단하게 위조할 수 있다면 돈으로 사용할 수 없습니다.

마지막으로 돈은 희소해야 합니다. 공급량을 쉽게 조작

할 수 없어야 하며 현재에도 미래에도 같은 가치를 유지해야 합니다. 희소성은 돈의 가장 중요한 특성입니다. 돈의 위조와 공급량 조작, 그리고 도둑질을 막아주기 때문입니다.

어떤 자산이 돈으로 선호되는 이유는 분할가능성, 휴대성, 내구성, 인식가능성, 희소성이라는 이 다섯 가지 속성 때문입니다. 이 속성을 모두 갖춘 자산을 찾기는 어려우며 이것을 "좁은 문"에 비유할 수 있습니다.

표준화된 가치

속이는 저울은 여호와께서 미워하시나
공평한 추는 그가 기뻐하시느니라

— 잠언 11:1

시간이 지나도 가치가 유지되는 상품은 드뭅니다. 왜냐하면 사람들은 가치가 있는 것을 더 많이 만들려고 하기 때문입니다. 예를 들어 1980년대의 휴대전화는 매우 비쌌고 사치품으로 여겨졌습니다. 하지만 오늘날의 휴대전화는 훨씬 저렴하며 전 세계 성인 중 70%가 소유하고 있습니다. 우리가 휴대전화로 저축을 하지 않는 이유는 바로 이 때문입니다.

한꺼번에 많이 생산할 수 있는 물건은 돈으로 쓰기에 좋지 않습니다. 반대로, 많이 생산할 수 없는 물건은 좋은 돈이 될 수 있습니다. 금은 좋은 돈의 예시입니다. 금을 대량으로 만들어내기는 어렵습니다. 많은 사람이 도전했고 여러 기술적인 혁신이 있었지만 거의 다 실패했습니다. 금은 희소하고 찾기 어려울 뿐 아니라 땅에서 캐내는 데도 비용이 많이 듭니다.

이러한 희소성과 내구성 덕분에 금은 그 가치를 오래도록 보존할 수 있습니다. 금의 생산을 늘리는 것은 어렵습니다. 그래서 경제학자들은 금을 경화hard money라고 부릅니다. 반대로 생산을 늘리기 쉬운 재화를 기반으로 한 화폐가 있습니다. 경제학자들은 이를 연화easy money라고 부릅니다. 연화는 가치를 잘 보존하지 못합니다.

귀금속은 화폐의 중요한 속성 중에서 분할가능성, 내구성, 인식가능성, 희소성을 만족시킵니다. 귀금속 중 금이 가장 희소하므로 금이 가장 가치가 높습니다. 금의 1년간 생산량은 상당히 적고 오랫동안 거의 변하지 않았습니다. 그래서 사람들은 시간이 지나도 금의 가치가 유지될 것이라

믿었습니다. 하지만 금은 매우 희귀하고 무거웠기 때문에 분할이 어려웠고 휴대하기도 좋지 않았습니다. 그래서 작은 거래에는 은silver이 더 유용하게 쓰였습니다.

한때 돈으로 쓰였던 유리구슬, 조개껍데기, 라이 스톤Rai Stone* 등은 그 당시에 대량으로 생산하기 어려웠던 물품이 었습니다. 하지만 이 고대 화폐들은 새로운 기술로 인해 대량 생산이 가능해져 돈의 역할을 더 이상 하지 못하게 됩니다. 앞으로 보게 되겠지만 돈의 과잉 생산, 즉 인플레이션은 항상 돈의 희소성을 훼손시켜 돈을 쓸모없게 만듭니다.

고대에는 금속의 무게를 재서 가치를 측정했으며 이는 매우 번거로운 거래 방식이었습니다.

세겔shekel은 히브리어로 "무게"를 의미하며 1세겔은 15그램 정도입니다. 성전에는 다른 모든 무게를 재는 기준이 되는 표준 세겔도 있었습니다. 파운드, 페소, 리라 등 돈을 뜻하는 단어 대부분이 무게를 재는 단위인 이유는 돈이 거의 항상 무게로 표시된 금속이었기 때문입니다.

무게를 재는 방식은 교환을 매우 어렵게 만들었습니다.

---

* 　미크로네시아의 야프섬 원주민들이 화폐로 사용한 커다란 돌. 원주민들은 돌을 직접 옮기지 않고 신뢰만으로 자산의 이동을 합의했다. 신뢰 기반 화폐의 예시로 자주 언급된다.

시장에서 제품을 살 때마다 돈의 무게를 재야 한다고 생각해보세요. 이런 방식은 거래를 느리고 불편하게 만들 뿐 아니라 부정직한 상인들이 저울을 속여 고객의 돈을 도둑질하게 만들기도 했습니다. 이런 관행은 널리 퍼져 있었고 위의 잠언 구절은 이를 직접적으로 책망하고 있습니다.

　게다가 위조의 문제도 항상 있었습니다. 돈의 진위를 판별할 수 있는 특별한 표식이 없었기 때문에 상인들은 고객이 진짜 돈을 내는지 확인할 수 없었습니다. 순금이나 순은 여부를 확인하는 것은 쉽지 않습니다. 부정직한 사람들은 귀금속을 다른 금속과 섞어 실제 가치보다 무게를 늘리려고 했습니다. 이는 돈의 전체 역사 동안 돈을 괴롭혀 온 화폐 위조의 초기 형태입니다.

동전

어떤 여자가 열 드라크마가 있는데 하나를 잃으면 등불을 켜고

집을 쓸며 찾아내기까지 부지런히 찾지 아니하겠느냐

— 누가복음 15:8

금과 은을 덩어리 형태로 거래에 사용하는 것은 불편합니다. 위조의 위험도 있습니다. 이에 따라 시장에서 신뢰할 수 있는 표준이 필요해졌고 이는 동전 주조라는 화폐 혁신으로 이어졌습니다. 동전을 "주조mint"한다는 것은 진위를 알아보기 쉽고 위조하기 어려운 상징을 금속에 새기는 것을 말합니다. 리디아의 왕들은 최초로 동전을 주조한 혁신가 중 하나로, 기원전 700년쯤에 금화와 은화를 만들었습니다.[*]

리디아의 왕들은 동전을 주조하여 거래할 때 무게를 재야 하는 번거로움을 없앴고 이에 따라 무역량이 늘어났습니다. 이들은 다양한 액면가의 표준 동전을 발행해 매우 부유해질 수 있었습니다. 미다스 왕, 크로이소스 왕, 기게스 왕[**]과 같은 리디아의 왕은 전설적인 부로 오늘날까지도 유명합니다. 신화에서 미다스 왕은 만지는 모든 것이 황금으로 변하는 손을 가진 자였으며, 탐욕이 모든 것을 집어삼킨 이야기가 오늘날까지 전해집니다. 크로이소스 왕은 세계 7대 불

[*]   Heather Whipps, The Profound History of Coins
      https://www.livescience.com/2058-profound-history-coins.html
      (지은이)
[**] Lydians, King Croesus and the World's First Money
      https://factsanddetails.com/world/cat56/sub371/entry-6053.html
      (지은이)

가사의 중 하나인 아르테미스 신전에 자금을 제공했으며 후일 바울은 에베소에서의 사역 중에 이곳을 방문합니다[*]. 기게스 왕은 델포이의 신탁에 많은 금을 바쳐 광대한 영토를 정복할 수 있었습니다. 이들은 모두 동전이라는 단순한 화폐 혁신 덕분에 전설적인 존재가 되었습니다.

이때부터 동전은 표준이 되었습니다. 구약 시대의 사람들이 동전을 거의 사용하지 않았다는 점을 기억하세요. 약 700년 후 신약 시대에는 예수님이 잃어버린 동전을 비유로 사용하실 정도로 동전이 널리 사용되었습니다.

동전을 사용하면 도둑질이 어려워집니다. 동전의 무게가 표준화되면서 사람들은 더 이상 무게를 조작하여 남을 속일 수 없게 되었습니다. 하지만 동전이 도둑질을 완전히 막지는 못했습니다.

동전 깎기coin clipping는 널리 퍼져 있던 관행이었습니다. 사람들은 남이 알아차리지 못할 만큼 동전을 얇게 깎은 후 표준 동전인 것처럼 속여 거래에 사용했습니다. 현재까지 남아 있는 그 당시의 동전을 보면 이런 도둑질이 얼마나 널

---

[*] 「사도행전」 19장에서 관련된 일화를 찾을 수 있다.

리 퍼져 있었는지 알 수 있습니다. 쥐어짜기sweating라는 기법도 있었습니다. 동전 한 무더기를 가방에 넣고 흔들어 미세한 금속 가루가 동전에서 떨어져 나오게 한 다음 이를 모아 다시 녹이는 방법이었습니다.

이런 도둑질은 주로 개인이 저질렀습니다. 하지만 더 큰 도둑질이 가치 저하debasement라는 방법으로 주조 당국에 의해 자행되었습니다. 가치 저하란 동전을 녹인 다음 값이 싼 금속을 섞거나 합금하여 새로운 동전을 만드는 것을 말합니다. 주조 당국은 이를 통해 같은 양의 귀금속으로 더 많은 동전을 만들 수 있습니다. 그러므로 가치 저하는 위조의 한 형태입니다.

가치 저하 방식으로 위조된 동전은 원래의 동전과 매우 비슷하여 진위 판별이 상당히 어렵습니다. 가치 저하가 진행되는 과정은 로마 화폐 데나리온denarius의 역사를 보면 알수 있습니다. 예수님 시대의 데나리온에는 3.9그램의 은이 들어 있었습니다. 200년 후에 데나리온의 은 함량은 1.7그램으로 줄었고, 겨우 50년 후에 로마에서 발행된 주화에는 아주 적은 양의 은만 도금되어 있을 뿐이었습니다.

데나리온은 기원전 211년에 4.5그램의 은이 함유된 주화로 도입되었습니다.[*] 아우구스투스 황제는 은의 함량을 3.9그램으로, 네로 황제는 3.4그램으로 낮췄습니다. 통화당국은 동전의 은 함량을 줄이고 더 많은 동전을 발행하는 수법으로 세금 인상 없이 국고 수입을 늘릴 수 있었습니다. 하지만 의도치 않은 결과가 초래되었습니다. 바로 돈의 공급이 많아져 물가가 올라간 것입니다. 돈의 공급량이 늘어나면 항상 가격 인플레이션이 발생하고 통화의 가치는 떨어집니다. 통화의 가치가 떨어진다는 것은 물건을 살 때 더 많은 통화단위가 필요하다는 것을 의미합니다.

예상한 대로, 로마 황제들은 돈의 가치를 떨어뜨린 것에 대해 공표하지 않았고 시민들이 이를 알아차리는 데는 시간이 걸렸습니다. 그 사이 로마 정부는 물가가 오르기 전에 새로 발행된 동전으로 물건과 서비스를 구매했습니다. 국가는 이런 방식으로 시민의 재산을 정부로 이전했습니다. 시간이 지나면서 돈의 가치 절하는 일상적인 일이 되어 서기 268년 클라우디우스 2세 때 발행된 로마의 동전은 은이 아

---

[*]   The Fall of the Roman denarius
      https://www.moneymuseum.com/en/for-sunflower/the-fall-of-
      the-roman-denarius-460?slbox=true (지은이)

니라 거의 청동으로 만들어졌습니다. 이는 로마 제국에 경제적 혼란을 일으켰고 결국 로마 몰락의 원인 중 하나가 되었습니다.

거의 모든 주권 국가가 동전 주조권을 가지고 있었고, 프랑스의 부르봉 왕조나 중국의 한漢 왕조 같은 많은 국가가 동전의 가치를 떨어뜨리고 국민의 부를 도둑질하였습니다. 왜 이런 일이 발생했을까요? 정부는 보통 가지고 있는 것보다 더 많이 쓰려고 합니다. 더 지출하려면 더 많은 수입이 필요합니다. 세금은 정부 수입의 가장 큰 부분이지만 시민들은 겉으로 드러나는 세금에 저항합니다.

가치 절하를 통해 시민의 재산을 훔치는 것은 겉으로 드러나지 않는 교묘하고 기만적인 세금입니다. 정부는 돈의 가치를 떨어뜨림으로써 여론의 비난을 피하면서 수입을 늘립니다. 즉, 돈의 가치 절하는 숨겨진 세금입니다. 궁금해하실까 봐 말씀드리자면, 정부는 여전히 이런 도둑질을 하고 있습니다.

금의 출현

사람들이 금에 대해 생각할 때 떠오르는 것은 부wealth나 화려함일 것입니다. 용의 보물이나 나무다리를 한 외발이 해적을 떠올릴 수도 있습니다. 우리는 직관적으로 금과 부를 연결합니다. 왜 그럴까요? 왜 그렇게 오랫동안 사람들은 금을 가지려 했을까요? 왜 금을 돈으로 사용했을까요? 금의 어떤 특징 때문일까요?

첫째, 금은 드뭅니다. 그래서 금을 귀금속이라 부릅니다. 금을 채굴하려면 토지와 노동, 그리고 특수한 장비가 필요합니다. 즉 금은 과거에도 현재에도 생산하기 어려운 금속입니다. 이 때문에 금은 오랫동안 희소성이 유지되었습니다.

둘째, 금은 안정적인 원소이고 다른 대부분 금속과 달리 시간이 지나도 썩거나 변하지 않습니다. 이런 이유로 우주항공산업에서 부식이 치명적인 부품에 금이 사용됩니다. 이는 인류가 지금까지 채굴한 거의 모든 금이 현재까지도 존재한다는 의미입니다.

  셋째, 금은 가공이 편리합니다. 전 세계 금 공급량의 약 60%가 장신구 형태로 보관되어 있습니다. 우리는 금의 특성을 유지한 채 금을 가공하고 측정하고 이동하고 저장할 수 있습니다. 자유시장은 생산하기 가장 어려운 물건에 가치를 저장하는 경향이 있습니다. 새로 생산된 한 단위의 물건이 기존 물건의 가치를 희석하기 때문입니다. 금은 모든 실물 화폐 중 가장 생산하기 어렵기 때문에 19세기 후반에 전 세계 화폐의 표준으로 부상했습니다.

돈의 네트워크 효과

금이 19세기 후반에 표준 화폐로 등장하게 된 또 다른 이유는 이른바 "네트워크 효과" 때문이었습니다. 네트워크 효과란 어떤 제품이나 서비스를 쓰는 사람이 많아질수록 사용 가치가 높아지는 것을 말합니다. 이베이eBay*를 예를 들

---

*   미국의 온라인 경매 서비스. 한국의 옥션이나 지마켓과 비슷하다.

면, 판매자가 많을수록 구매자에게 좋고 구매자가 많을수록 판매자에게 좋습니다. 네트워크에 많은 사람이 참여할수록 네트워크 안에 더 많은 연결점이 생기고, 이는 네트워크를 더 쓸모 있게 만듭니다.

네트워크 효과는 강력한 승자독식 구조를 만듭니다. 따라서 네트워크 효과가 적용되는 플랫폼 사업에서는 여러 개의 소규모 업체 대신 한 개의 강력한 업체만 남게 됩니다. 승자독식을 만들어내는 네트워크 효과는 돈에도 유사하게 작용하여 사람들이 단일 화폐 표준을 채택하도록 만듭니다. 화폐 네트워크에 새로운 사람이 참여하면 더 많은 거래가 가능해지고 네트워크의 가치는 커집니다.

한 종류의 돈으로 가격을 표시하면 거래가 간편해집니다. 19세기 후반의 미국을 "도금 시대Gilded Age"라고 부르는데 이때 금본위제가 부상했기 때문이기도 합니다. 화폐의 네트워크 효과로 많은 나라가 금본위제를 받아들였고 이에 따라 국제 무역이 더 쉽고 편리해졌습니다.

은행권

예수께서 대답하여 이르시되 어떤 사람이 예루살렘에서

여리고로 내려가다가 강도를 만나매 강도들이 그 옷을 벗기고

때려 거의 죽은 것을 버리고 갔더라

— 누가복음 10:30

돈이 주로 동전이던 때, 문제가 하나 있었습니다. 거래할 때마다 동전을 운반해야 했던 것입니다. 작은 규모의 거래에서는 별로 문제되지 않았으나 큰 규모의 거래에서는 많은 양의 동전을 운반해야 하는 어려움이 있었습니다.

첫째, 동전을 대량으로 운반하는 것은 물리적으로 어렵습니다. 오늘날에도 100달러짜리 지폐 500만 달러어치의 무게는 45킬로그램이 넘습니다. 구리처럼 가치가 낮은 동전을 대량으로 운반하는 일은 매우 힘든 일이었습니다.

둘째, 동전으로 값을 치르는 사람은 돈을 잃어버릴 위험에 노출됩니다. 운반 중의 사고로 돈을 모두 잃을 수 있으며 이는 바다 밑에 가라앉은 보물선을 보면 알 수 있습니다. 또한 위의 성경 말씀에 나온 착한 사마리아인의 비유처럼 이

동 중에 강도를 당할 위험도 있습니다.

셋째, 앞의 두 가지 문제 때문에 대량의 동전을 운반하려면 비용이 많이 들었습니다. 동전을 안전하게 운반하기 위해 무장한 경비대를 고용해야 했습니다. 이러한 대비책을 갖추었다고 해도 경비대의 배신이나 예상치 못한 사고로 동전을 잃을 위험은 남아 있었습니다.

이 시점에서 은행과 은행권이라는 두 가지 혁신이 등장했습니다. 베네치아에 있던 초기 은행들은 예금자에게 돈을 보관할 수 있는 창고 서비스를 제공했고 예금자는 그곳에 돈을 안전하게 보관하였습니다. 더 많은 사람이 돈을 은행에 보관함에 따라 돈을 인출해 거래에 사용하고, 다시 돈을 은행에 예금하는 일련의 일을 좀 더 간편하게 할 수 있게 되었습니다. 직접 돈을 넣고 빼는 대신 돈의 표현물, 즉 은행권을 사용해 이런 일을 하기 시작했습니다.

은행권을 가지고 있는 사람은 언제든지 은행권을 금화와 같은 진짜 돈으로 바꿀 수 있었지만 은행권 자체는 돈이 아니었습니다. 하지만 은행권은 은행 금고에 있는 금이나 은처럼 사용됐고 사용하기 훨씬 편리했습니다. 옆 마을로 은행권을 가지고 가는 것은 금속으로 된 동전을 가지고 가는 것보다 더 안전하고 편리했으며 비용도 적게 들었습니다.

은행권으로 인해 무역, 특히 장거리 무역이 활발해졌습니다. 하지만 은행이 예금자의 돈을 훔치는 것 또한 믿을 수 없이 쉬워졌습니다. 은행은 금고에 있는 고객의 돈을 다른 사람에게 빌려주기 시작했습니다. 예금을 한 사람과 대출을 받은 사람은 모두 자신의 은행권에 해당하는 귀금속이 은행에 있을 것으로 생각했습니다. 하지만 현실은 그렇지 않았습니다. 은행 금고에 있는 귀금속의 양보다 훨씬 더 많은 은행권이 발행되었습니다.

실물이 뒷받침되지 않은 돈을 대출하는 행위를 "부분지급준비제도fractional reserve banking"라고 부릅니다. 부분지급준비제도는 오래된 위조 사기의 정교한 형태입니다. 베네치아의 은행들은 1157년에 처음 설립되었습니다. 하지만 한 세기도 지나지 않은 1255년에 이 제도로 인한 은행 파산이 있었습니다.

중앙은행

부분지급준비제도하에서 은행에 많은 사람이 한꺼번에 은행권 교환을 요구하면 은행은 내어줄 금이 부족하여 파산에 이르게 됩니다. 부분지급준비제도하의 은행은 존재하지 않는 돈을 빌려주며 이는 본질적으로 사기 행위입니다.

"사람들에게 돈을 빌려주면 좋은 것 아닌가요?" 여러분은 이렇게 반문할 수 있습니다. 정직하게 돈을 빌려준다면 아무 문제가 없습니다. 예금자가 일정 기간 돈을 찾아가지 않는다고 약속하고 대출자가 그 기간만큼 돈을 빌려간다면 이는 정직한 대출입니다.

하지만 역사를 통틀어 은행은 대부분 정직하게 행동하지 않았고 예금자는 자기 돈을 찾아갈 수 없었습니다. 은행과 같은 제삼자를 신뢰하면 이런 문제가 생기며 이런 도둑질의 미혹은 오늘날에도 존재합니다.

금이 지폐를 뒷받침하는 제도를 금본위제gold standard라 부릅니다. 20세기 초 세계의 화폐 제도 대부분은 금본위제하에서 작동했습니다. 지폐가 금화보다 훨씬 편리했기 때문에 금은 은행 금고에 모이게 되었습니다. 하지만 은행끼리는 여전히 금화를 주고받아야 했고 이를 해소하기 위해 중앙은행이 등장했습니다.

중앙은행은 은행을 위한 은행입니다. 중앙은행이 등장하기 전, 한 고객이 여러 은행을 사용하면 각 은행은 정산을 위해 금을 주고받아야 했습니다. 하지만 중앙은행이 등장하여 이를 해결했습니다. 중앙은행에 금 대부분을 보관하고 장부를 사용해 간편하게 차액을 정산했습니다.

약 100년 전, 은행들은 여전히 금을 조금 가지고 있어야 했습니다. 고객들이 가끔 은행권을 금으로 교환하러 왔기 때문입니다. 그러나 은행 소유의 금 대부분은 중앙은행의 금고에 보관됐으며 은행들은 금을 직접 이동시키지 않고 간편하게 정산할 수 있었습니다.

중앙은행은 항상 미혹에 시달립니다. 돈이 모두 한곳에 있어서 정부는 중앙은행을 이용해 매우 쉽게 돈을 훔칠 수 있습니다. 이런 도둑질은 정부가 비정상적으로 낮은 이율로 중앙은행으로부터 돈을 빌리면서 시작됩니다. 정부는 차용

증을 몇 개 써주고 중앙은행에서 금을 빼갑니다. 역사적으로 전쟁 자금 조달을 위해 이런 도둑질이 일어난 경우가 많았습니다.

정부가 중앙은행에서 계속 금을 빼가면 중앙은행은 파산 상태에 이르게 됩니다. 즉 더 이상 예금자에게 내어줄 금이 없다는 의미입니다. 이렇게 되면 정부는 은행권과 금의 교환(금태환이라고도 한다)을 중지합니다. 금이 부족하여 파산했어야 할 중앙은행은 정부가 은행권의 금태환을 중지한 덕에 파산을 모면하게 됩니다.

도덕적 관점에서 태환의 중지는 계약을 어기는 것이며 일종의 거짓말입니다. 은행권은 가치 있는 자산을 표현하는 것이어야 합니다. 태환을 중지함으로써 은행은 예금자에게 한 약속을 저버렸습니다. 사실, 은행이 이런 시스템을 너무 오랫동안 운영해왔기 때문에 우리는 여기에 완전히 익숙해져 있습니다. 오늘날 누구도 자신의 예금을 금으로 바꿀 수 있다고 생각하지 않습니다.

다른 사업 영역에서 이런 행동을 한다면 사기꾼 취급을 받을 것입니다. 예를 들어 차를 세차장에 맡겼는데 두 달 동안 차를 찾을 수 없거나 아예 영원히 차를 잃어버릴 수도 있다고 생각해보세요. 현대의 법률이 은행을 보호하기 전에는 은행이 태환을 중지하는 행위가 사기로 취급됐고 그 은행은 바로 파산했습니다.

그러나 중앙은행의 등장 이후 태환해주지 않는 것은 당연한 일이 됐고 법률의 보호를 받게 됐습니다. 즉 중앙은행이 정부의 도둑질 도구가 되어버렸습니다.

금환본위제

앗수르의 왕 살만에셀이 올라오니

호세아가 그에게 종이 되어 조공을 드리더니

— 열왕기하 17:3

편리한 은행권의 인기가 높아지면서 각국의 정부는 무역대금을 은행권으로 지급하도록 요구하기 시작했습니다. 중앙은행도 일반화돼 각 나라에 있는 금 대부분이 한 장소에 모였습니다. 곧 정부는 중앙은행으로부터 막대한 금액의 대출을 받기 시작했습니다. 이 대출을 뒷받침하는 예금이 부족했으므로 중앙은행은 곧 지급 불능 상태가 됐습니다. 그리고 부분지급준비제도가 표준 관행이 됐습니다.

하지만 국가들끼리 거래할 때는 여전히 금이 운송되어야 했는데 각 나라의 중앙은행이 서로의 지급 능력을 믿지 못했기 때문이었습니다. 제2차 세계대전 당시 유럽의 각국은 혼란스러운 자국 정세를 피하려고 금을 미국으로 옮겼습니다. 그 결과 전쟁 이후 전 세계의 금 공급 대부분이 미국의 중앙은행인 연방준비제도Federal Reserve, 연준의 통제 아래 놓이게 됐습니다.

1944년 세계 여러 나라들은 브레턴우즈Bretton Woods 협약을 체결했습니다. 금 대부분을 미국에 보관하고 미국을 제외한 다른 나라들은 금 대신 달러를 보유하기로 했습니다. 그리고 미국은 다른 나라가 달러를 제시하면 언제든 달러를 금으로 바꿔주기로 합의했습니다. 연준을 제외한 중앙은행들은 금을 보관하지 않았기 때문에 이 체제를 금환본위제Gold Exchange Standard라고도 부릅니다. 미국의 연방준비제도가 실질적으로 전 세계 모든 중앙은행의 중앙은행이 된 것입니다. 미국은 중앙은행을 통치 도구로 삼아 다른 나라에 대한 지배력을 확보했습니다.

미국은 이제 다른 나라들이 한꺼번에 달러를 금으로 바꿔 달라고 하지 않는 한 계속해서 달러를 발행할 수 있는 "터무니없는 특권"을 가지게 되었습니다. 금환본위제는 1971년에 끝났지만, 미국이 해외 상품을 수입하기 위해 새로운 달러를 발행할 수 있는 이 터무니없는 특권은 현재까지 유지되고 있습니다. 열왕기하에 나오는 앗수르 왕 살만에셀은 조공의 형태로 다른 나라를 약탈하였습니다. 어떤 면에서 미국은 살만에셀처럼 전 세계를 상대로 도둑질하고 있다고 볼 수 있습니다.

결론

율례를 빙자하고 재난을 꾸미는 악한 재판장이

어찌 주와 어울리리이까

— 시편 94:20

금으로 뒷받침되는 지폐는 금이 지닌 많은 문제를 해결하였지만, 화폐의 가장 중요한 속성인 희소성을 국가가 통제하도록 하는 치명적인 결함을 가져왔습니다. 예상대로 미국은 금고 속에 보유하고 있는 금보다 훨씬 많은 달러를 발행했습니다.

1971년에 미국의 리처드 닉슨 대통령*이 금의 태환을 "일시적으로" 중지함으로써 이 사태는 정점에 이르렀습니다.** 이 일시적인 태환 정지는 곧 영구적인 조치가 되었습니다. 달러는 더 이상 금으로 교환되지 않지만, 여전히 각국 중앙은행의 금고에 준비자산으로 보관되어 있습니다. 미국의 이 부도덕한 조치는 돈과 금의 연결을 끊고 전 세계의 사람을 금융 노예의 길로 이끌었습니다.

이제 아무것도 돈을 뒷받침하지 않게 되었고 돈의 신뢰성은 치명적인 타격을 입었습니다. 그 결과 오늘날 우리가 강요받고 있는 부채 기반 화폐, 즉 법정화폐의 시대로 넘어오게 되었습니다. 법정화폐는 "법령에 따른" 화폐라는 뜻이며 제한 없는 인플레이션을 가능하게 합니다. 인플레이션은 라틴어 동사인 'inflare'에서 왔으며 "폭발하다, 부풀리다"라는 뜻입니다. 역사적으로 인플레이션은 통화를 팽

*   Richard Nixon(1913~1994). 제37대 미국 대통령. 워터게이트 사건에 연루되어 1974년 사임하였다.

**   Sandra Kollen Ghizoni, Nixon Ends Convertibility of US Dollars to Gold
     https://www.federalreservehistory.org/essays/gold-convertibility -ends (지은이)

창시켜 결국 통화를 무가치하게 만들었다는 점에서 적절한 표현이라 할 수 있습니다. 앞으로 이에 관해 더 자세하게 다룰 것입니다.

1971년 금과의 연동이 깨진 후에 미국 달러의 가치는 96% 이상 하락했습니다. 이는 현행 금융 시스템의 재앙적 결과 중 하나인 인플레이션 때문입니다.

Chapter 3

인플레이션

THANK GOD
for
BITCOIN

악인의 집에 아직도 불의한 재물이 있느냐 축소시킨 가증한

에바가 있느냐 내가 만일 부정한 저울을 썼거나 주머니에 거짓

저울추를 두었으면 깨끗하겠느냐 그 부자들은 강포가 가득하였고

그 주민들은 거짓을 말하니 그 혀가 입에서 거짓되도다

— 미가 6:10~12

지난 몇 년간 주로 먹는 채소나 1리터짜리 우유의 가격이 꾸준히 상승하고 있다는 것을 알아차리셨나요? 가격이 갑자기 치솟으면 알아차리기 쉽습니다. 명절이 오기 전 과일 가격이 급격히 오르는 것처럼 말입니다. 하지만 가격이 오랫동안 천천히 오르면 별로 신경 쓰지 않습니다. 이런 현상이 발생하는 데는 이유가 있고 우리의 화폐 시스템이 작동하는 방식과 관계가 있습니다.

기본적인 원리를 먼저 짚고 가겠습니다. 돈의 공급이 증가하면 돈의 가치는 감소합니다. 음식, 에너지, 물, 임대료, 투자, 빚의 가격은 모두 돈의 공급 증가에 영향을 받습니다. 이것이 고전적 의미의 인플레이션입니다. 하지만 안타깝게도

지난 70년 동안 인플레이션이라는 단어는 물품 가격의 상승을 의미하는 것으로 왜곡됐습니다.

이 장에서는 인플레이션의 의미를 구별해서 사용할 것입니다. 첫 번째 의미는 화폐 공급의 증가로, 이를 통화팽창이라 부르겠습니다. 두 번째는 화폐 가치의 하락으로, 이를 물가상승이라 부르겠습니다.

통화팽창과 물가상승은 자연스러운 현상일까요, 아니면 인위적인 현상일까요? 인위적인 현상이라면 이런 경제 현상의 배후는 누구이며 왜 이런 일을 벌일까요?

위조

신실하던 성읍이 어찌하여 창기가 되었는고 정의가 거기에
충만하였고 공의가 그 가운데에 거하였더니 이제는 살인자들뿐이로다
네 은은 찌꺼기가 되었고 네 포도주에는 물이 섞였도다

— 이사야 1:21~22

이사야는 돈과 포도주가 희석되는 것을 비유로 사용해 부도덕하고 믿음이 없는 도성을 묘사했습니다. 돈의 가치를 떨어뜨리는 것은 오래된 죄악이며 새로운 일이 아닙니다. 사람들은 언제나 돈의 가치 저하를 도둑질로 생각해 왔습니다. 이사야 시대의 사람들은 은에 값싼 금속을 섞어 서로를 속였습니다. 몇 세기 후의 황제가 그랬듯이 사람들은 돈을 위조하여 가치를 떨어뜨렸습니다.

개인이 돈의 가치를 떨어뜨리면 불법이었지만 황제가 하면 합법이었습니다. 개인이 은에 값싼 금속을 섞어서 유통하는 것을 위조라고 부릅니다. 하지만 정부가 같은 짓을 하면 경제 부양 또는 전쟁에서의 승리를 위한 것으로 포장됩니다.

화폐위조에 대한 처벌은 고대 로마의 사형부터 현대 중국의 종신형에 이르기까지 매우 강력합니다. 물론 이 처벌은 입법자에게는 적용되지 않습니다. 오늘날에도 정부는 화폐를 희석할 권한을 가지고 있으며 현재세대와 미래세대의 재산을 훔치고 있습니다. 이는 속임수이자 도둑질이며 하나님은 이런 행위를 책망하십니다.

불의의 결과

죄의 삯은 사망이요 하나님의 은사는

그리스도 예수 우리 주 안에 있는 영생이니라

— 로마서 6:23

부정한 저울을 고집하는 정부도 심은 대로 거두는 성경의 법칙에서 예외는 아닙니다. 정부가 국민의 부를 훔치는 것은 불의한 씨앗을 심는 것과 같습니다. 불의한 씨앗을 심는 정부는 파멸의 열매를 거두게 될 것입니다.

로마 제국이 왜 멸망했는지에 관해 쓴 책이 많습니다. 어떻게 군대가 약해지고 시민이 방탕해졌는지, 어떻게 정부가 타락했는지 이야기합니다. 사실 이러한 현상의 근본적인 원인은 화폐의 가치 저하입니다.

로마 황제들은 화폐의 가치를 계속 떨어뜨렸습니다. 이를 예측하지 못한 시장 참여자들은 파산했습니다. 화폐의 가치가 떨어질 것을 예상한 사람들은 제품의 가격을 올렸습니다. 정부는 오른 제품 가격을 상쇄하기 위해 화폐 가치를 더 떨어뜨렸고 이는 술래잡기처럼 반복됐습니다. 결국 로마의 데나리온은 가치가 너무 희석되어 데나리온을 돈으로 생각하는 사람이 거의 없는 지경에 이르렀습니다.

결과적으로, 이런 현상은 로마 제국을 약화시켰습니다. 비대해진 정부를 유지하기 위한 세금을 걷을 수 없게 됐기 때문입니다. 몇백 년이나 지속한 제국이라도 죄의 삯은 사망입니다.

정부가 화폐 공급을 팽창시키면 어떤 집단은 이득을 보고 어떤 집단은 손해를 봅니다. 정부로부터 공공서비스를 받는 시민은 일할 필요가 없어질 수도, 게을러질 수도 있습니다. 군인에게 가치가 너무 빨리 떨어지는 돈으로 급여를 주면 탈영의 원인이 될 수 있으며, 군대는 결국 약해질 것입니다. 인플레이션은 사회를 병들게 하는 질병입니다.

숨겨진 세금

그런즉 그들을 두려워하지 말라 감추인 것이 드러나지
않을 것이 없고 숨은 것이 알려지지 않을 것이 없느니라

— 마태복음 10:26

불공정한 세금에 대한 불만은 미국 독립 혁명의 가장 큰 촉매제라 할 수 있습니다. 식민지 주민들은 수입한 차tea에 높은 세금을 부과한 정부에 불만을 품고 봉기했습니다. 그 당시 영국 의회가 부과한 세금에 반대하여 인기 있었던 구호 중 하나는 "대표 없이는 세금도 없다"였습니다. 당시 영국 의회에는 식민지 주민의 의견을 대변할 의원이 없었습니다. 그렇지만 식민지 주민은 세금을 꼬박꼬박 내야 했습니다.

주민의 동의 없이 세금을 부과하는 것은 명백한 잘못입니다. 이 원칙은 미국이 대의민주주의를 구축하는 데 있어 중요한 기둥 중 하나가 되었습니다.

미국에서 세금은 국회의원이 입안하고 주민대표가 투표하여 결정됩니다. 일부 지방세는 주민들이 직접 투표하여 결정하기도 합니다. 하지만 의회나 주민의 동의 없이 은밀하고 악질적으로 부과되는 "세금"이 있습니다. 바로 통화팽창입니다. 물가상승으로 이어지는 통화팽창은 대표 없는 세금이자 정부의 절도 행위입니다.

차에 매겨진 세금은 명시적인 세금입니다. 이와 대조적으로 통화팽창은 숨겨진 세금입니다.

국민의 동의도 없고 투명한 절차도 없으며 의회의 승인도 없습니다. 통화팽창으로 인한 세금은 미세하게 이루어지기 때문에 알아차리기 어렵습니다. 국민이 알아차리기 힘들다는 특성 때문에 역사를 통틀어 거의 모든 정부가 이 은밀한 세금을 이용하여 자금을 조달했습니다.

역사적으로 통화의 가치를 떨어뜨린 나라는 모두 몰락했습니다. 미국 또한 예외가 될 수 없습니다. 통화팽창은 일관되게 왕국과 제국을 몰락으로 이끌었습니다. 공화국이라고 예외일까요? 미국 역시 통화 공급을 조작하며 부정직한 씨앗을 계속 심는다면 결국 멸망의 열매를 거두게 될 것입니다.

현대의 통화팽창

보라 너희 밭에서 추수한 품꾼에게 주지 아니한 삯이 소리 지르며

그 추수한 자의 우는 소리가 만군의 주의 귀에 들렸느니라

— 야고보서 5:4

우리는 더 이상 동전을 교환 수단으로 사용하지 않습니다. 하지만 돈의 가치를 떨어뜨리는 짓은 그 어느 때보다 만연해 있고, 정부가 가진 도구는 예전보다 훨씬 정교하고 효과

적입니다.

은행은 무無에서 부채를 창조합니다. 예를 들어 미국이 2조 달러의 세금을 걷고 3조 달러를 지출했다면 이때 발생하는 1조 달러의 적자는 미국의 중앙은행인 연준이 메꿔줍니다. 연준은 미국 국채를 사는 방식으로 미국 정부에 1조 달러를 빌려줍니다.

정부가 빌린 이 1조 달러는 어디서 났을까요? 1조 달러를 연준에 예치한 예금자가 있을까요? 그렇지 않습니다.

다시 말씀드리지만, 연준은 무에서 돈을 창조합니다. 새로운 부채를 만들면 통화가 팽창합니다. 반대로 연방 정부가 부채를 갚는다면 돈은 사라지고 통화팽창의 반대, 즉 통화수축이 일어납니다. 그래서 미국 재무부가 감당할 수 있는 법적 부채 한도는 중앙은행이 연방 정부에 빌려줄 수 있는 돈의 총액과 같습니다. 이는 특정 시점에 연방 정부가 인쇄할 수 있는 돈의 총액과도 같습니다.

통화팽창에 일조하는 것은 정부와 중앙은행만이 아닙니다. 기업가들이 상업 은행에서 돈을 빌릴 때도 똑같은 일이 일어납니다. 은행은 기업의 채권을 받고 새로 발행되는 돈을 내어줍니다. 개인이 은행에서 빌릴 때도 같은 일이 벌어집니다. 30년짜리 주택담보대출은 다른 사람의 저축에서 나온 것이 아니라 은행이 새로 만들어낸 돈에서 나온 것입니다. 오늘날 화폐 시스템의 거의 모든 빚은 은행이 만들어낸 돈입니다. 그래서 거의 모든 대출은 화폐의 공급을 팽창시킵니다.

이론적으로, 시스템 내의 화폐 수량이 줄어들 수 있습니다. 경제가 어려울 때는 신규 대출보다 대출 상환이 더 많습니다. 총 대출 금액이 적어지면 돈의 공급 또한 줄어듭니다. 하지만 불경기에 정부는 경기 부양을 위해 새로운 프로젝트를 가동하여 전체 대출 금액을 늘립니다. 또한 중앙은행은 이자율을 낮춰 대출을 유도합니다. 따라서 돈의 공급이 증가합니다. 그 결과 시스템 내의 화폐 수량은 계속 늘어납니다.

통화팽창의 규모는 상당합니다. 미국 달러가 얼마나 팽창하고 있는지 알아보기 위한 척도 중 하나는 세인트루이스 연방준비은행이 발표하는 M2 통화량입니다.* M2 통화량은 1959년 1월에 처음 발표되었으며 당시 M2 통화량은 2,877억 달러(한화 약 417조 원)**였습니다. 2020년 7월의 M2 통화량은 18.1조 달러(한화 약 2경 6,245조 원)였으며 61.5년 동안 6,200% 증가하였습니다. 연평균으로 환산하면 매년 7%씩 증가한 것과 같습니다.

---

*   M2 Money Stock (M2) https://fred.stlouisfed.org/series/M2 (지은이)
**   원화 환산은 달러당 1,450원을 기준으로 한다(2025.1.).

통화팽창에 대한 도덕적 평가

속이고 취한 음식물은 사람에게 맛이 좋은 듯하나

후에는 그의 입에 모래가 가득하게 되리라

― 잠언 20:17

은행이 새로 만든 돈을 빌려줄 때 누가 손해를 보는지 알기 어렵습니다. 은행은 대출금에 대해 이자를 받게 되고 차입자는 한번에 큰돈을 만질 수 있으니 모두에게 좋은 상황처럼 보입니다.

여기서 문제는 대출된 돈이 누군가의 저축에서 나온 것이 아니라는 점입니다. 이 돈은 대출자의 통장에 입금되는 순간 무에서 만들어지며 이에 따라 전체 돈의 양이 늘어납니다. 즉 기존에 돈을 가지고 있던 사람은 예전보다 더 적은 가치를 갖게 됩니다.

은행이 정부에 300조 달러를 대출해주었다고 가정해봅시다. 정부는 새 도로를 내고, 모든 국민에게 새 집을 주고, 화성에 갈 우주선을 만드는 데 이 돈을 사용합니다. 이것이 사회에 어떤 영향을 미칠까요? 첫째, 돈이 재화와 서비스를 구매하는 데 사용되었기 때문에 이 모든 돈이 경제로 흘러들어갑니다. 그런데 이 300조 달러는 현존하는 모든 미국 달러보다 많습니다.

그럼 어떻게 될까요?

모든 사람이 자신의 재화와 서비스에 훨씬 높은 가격을 매기기 시작할 것입니다. 이렇게 되면 새 돈이 만들어지기 전에 사람들이 했던 저축은 거의 가치가 없어집니다. 즉 새로 만들어진 돈은 저축했던 모든 사람으로부터 훔친 것입니다. 대출처럼 해가 없어 보이는 것 또한 마찬가지입니다.

돈을 변조하는 것은 (…) 위조나 사기이며 예전부터 본 바와 같이 왕의 권리가 될 수 없다. 그러므로 왕이 찬탈한 이 특권은 본질적으로 부당한 것이며 이 특권으로 취한 이득은 정당한 이득이 될 수 없다. 게다가 왕의 이득은 공동체의 손실과 정확히 같다.
— 니콜 오렘 주교*

14세기 프랑스의 주교 니콜 오렘의 통찰에서 알 수 있듯이 인위적인 화폐 공급 증가는 도둑질입니다. 그가 말한 바와 같이, 돈의 가치를 떨어뜨리는 것은 공동체로부터 가치를 훔

---

* Nicole Oresme(1320?~1382). 후기 중세 시대의 중요한 철학자. 경제학, 수학, 철학, 신학 등에 대한 영향력 있는 연구를 저술했다.

치는 행위이고, 그러므로 도덕적으로 혐오스러운 일입니다.

물가상승과 구매력

주께서 이르시되 너희 바리새인은 지금 잔과 대접의 겉은
깨끗이 하나 너희 속에는 탐욕과 악독이 가득하도다
어리석은 자들아 겉을 만드신 이가 속도 만들지 아니하셨느냐
— 누가복음 11:39~40

화폐의 공급이 늘어나면 전반적인 물가가 올라갑니다. 앞서
이야기했듯, 우리는 물가상승을 인플레이션이라 부릅니다.
화폐의 공급이 늘어나면 사람들은 구매력을 잃습니다. 미
국 노동 통계국은 매월 전국의 생필품 가격을 조사하여 소
비자물가지수를 공표합니다.

미국 달러는 1913년 이래 구매력의 95% 이상을 잃었습
니다. 즉 연준이 만들어진 이후 1달러로 구매가 가능한 재화
와 서비스의 양이 95% 감소했다는 뜻입니다.

소비자물가지수는 보통 화폐팽창률보다 낮습니다. 소비자물가지수는 연 2% 정도 증가하는 데 반해 화폐는 매년 약 7% 팽창합니다. 왜 다를까요? 화폐가 7% 팽창하면 물가도 7% 상승해야 하지 않을까요? 화폐팽창과 물가상승이 정확히 일치하지 않는 데는 세 가지 이유가 있습니다.

첫째, 새로운 기술과 혁신 때문에 물건이 저렴해집니다. 이는 빠르게 발전하는 컴퓨터나 휴대전화를 보면 알 수 있습니다. 하지만 우유, 옷처럼 발전이 느린 제품도 저렴해지기는 마찬가지입니다. 효율적인 칩 제조 공정이 새로 개발되면 휴대전화의 가격이 1년 안에 눈에 띄게 떨어질 것입니다. 새로운 호르몬이 나오면 5년에 걸쳐 우유가 저렴해질 것이고 새로운 종류의 트랙터가 발명되면 10년에 걸쳐 옷이 저렴해질 것입니다.

둘째, 모든 물건의 가격이 같은 비율로 올라가지 않습니다. 예를 들어 달걀은 주택에 비해 훨씬 적게 오릅니다. 경제에 새로운 돈이 들어오면, 그 돈은 보통 가치를 잘 보존하는 물건으로 가게 됩니다. 사람들이 새로 생긴 돈을 소비에 쓰지 않고 투자에 쓰기 때문입니다.

물가가 오르면 가치를 잘 보존하는 자산의 가격이 그렇지 못한 자산보다 더 많이 오릅니다. 주식과 부동산은 가치 보존이 잘 되는 자산이므로 가격이 상대적으로 빨리 오릅니다. 반대로, 달걀과 청바지는 가치를 보존하지 않기 때문에 가격이 천천히 오릅니다. 이런 이유로 부동산의 가격이 식료품점의 달걀보다 빨리 오르는 것입니다. 소비자물가지수가 부동산처럼 가치 보존에 유리한 자산을 계산에 포함하지 않기 때문에 물가상승 수준이 화폐팽창 수준보다 낮아 보입니다.

셋째, 소비자물가지수는 심하게 조작된 지표입니다. 정부는 정치적인 이유로 물가가 크게 오르는 것을 좋아하지 않습니다. 물가가 빠르게 상승한다고 인식되면 저축이 줄어들고 민심이 급격히 나빠질 것이기 때문입니다. 정부는 소비자물가지수가 괜찮은 것처럼 조작하기 위해 몇 가지 방법을 동원합니다.

품질 조정Hedonic Quality Adjustment은 소비자물가지수를 낮추는 기법 중 하나입니다. 청바지의 가격이 20% 올랐을 경우 품질 조정 기법을 통해 청바지의 품질도 18% 올랐다고 가정하여 실질적인 가격 상승 비율을 2%로 책정합니다[*]. 이것이 바로 훨씬 높은 실제 가격에 비해 소비자물가지수를 연간 1~3% 사이로 유지할 수 있는 이유입니다.

---

[*] Frequently Asked Questions about Hedonic Quality Adjustment in the CPI
https://www.bls.gov/cpi/quality-adjustment/questions-and-answers.htm (지은이)

기술의 진보는 물건의 가격 하락, 즉 디플레이션으로 이어져야 합니다. 인플레이션이 있다는 사실은 기술 진보로 생긴 혜택을 모두 화폐를 발행하는 기관과 그 돈을 빌리는 사람이 가져간다는 뜻입니다. 정부는 매년 물가가 2% 상승한다고 발표하지만 실제로는 훨씬 나쁜 상황입니다. 우리는 도둑질을 눈앞에서 보면서도 이를 정상적인 삶의 일부분으로 받아들이고 있습니다. 가격 하락의 혜택을 모두가 누리는 대신 소수가 모든 이득을 독점하게 놔두고 있는 것입니다.

화폐가 팽창하는 이유

나무도 좋고 열매도 좋다 하든지 나무도 좋지 않고
열매도 좋지 않다 하든지 하라 그 열매로 나무를 아느니라
— 마태복음 12:33

빚과 인플레이션은 악순환을 만듭니다. 정부는 복지 정책과 전쟁 등에 막대한 돈을 씁니다. 정부의 지출을 감당할 만한 세금이 들어오지 않으면 정부는 빚을 집니다. 정부가

돈을 빌릴 수 없다면 정부는 새로운 돈을 만들어내거나 세금을 올릴 수밖에 없습니다.

오늘날 정부는 이 두 가지를 모두 실행하고 있습니다. 세금을 올리고, 은행에서 돈을 빌리는 방식으로 새로운 돈을 만들어냅니다. 이에 따라 돈의 공급이 증가하고 통화의 구매력이 줄어듭니다. 돈의 공급 팽창은 대출 증가를 부추기며 대출 증가는 돈의 공급을 팽창시킵니다.

이렇게 통화팽창과 대출 증가는 새로운 돈을 만들어내면서 악순환을 계속합니다.

통화가 팽창하고 이자율이 낮을 때 경제적으로 합리적인 행동은 가능한 한 많은 돈을 빌리는 것입니다. 미래 부채의 가치가 낮아질 것이기 때문입니다. 정부가 화폐 공급을 조절하므로, 미래에도 통화가 팽창할 것이라 예상할 수 있습니다. 현대 화폐 제도에서 모든 새로운 돈은 은행이 만들어낸 부채이고, 그 부채에 대한 이자율은 중앙은행이 조절합니다. 중앙은행은 정부의 이자 부담을 덜어주기 위해 이자율을 낮게 유지하려 합니다. 이에 따라 정부는 부채에 대한 부담 없이 더 많은 돈을 빌릴 수 있게 됩니다. 이렇게 악순환이 계속됩니다.

정부만 이렇게 행동하는 것이 아닙니다. 사회 전체도 같은 영향을 받습니다. 미래에 통화가 팽창할 것을 예측하는 사람들은 최대한 돈을 적게 가지고 있으려고 합니다. 다시 말해 더 많이 소비하려고 합니다.

소비 자체는 나쁜 것이 아닙니다. 경제가 작동하려면 사람들이 재화와 서비스를 구매해야 합니다. 저축이 줄어들고 대출이 너무 많아지면 경제가 취약해집니다. 이 때문에 우리에게 익숙한 호황과 불황의 경제 순환이 발생합니다. 금융 전문가들은 "부자가 되고 싶다면 저축만 해서는 안 되고, 투자를 해야 한다."고 말합니다. 통화가 지속해서 팽창하고 있으므로 맞는 말일지도 모릅니다. 하지만 사람들은 "투자"에는 손실의 위험이 따른다는 사실을 너무 쉽게 잊어버립니다.

사람들이 투자로 몰리게 되면 새로운 유형의 인플레이션이 나타납니다. 바로 지난 10년간 미국에서 나타난 자산 인플레이션입니다. 자산 인플레이션이란 주택, 주식, 채권, 원자재 같은 금융 상품의 명목 가격*이 올라가는 것을 말합니다. 사람들이 돈을 가지고 있으려 하지 않기 때문에 원래는 저축되었어야 할 돈이 이런 자산으로 흘러 들어갑니다. 따라서 전체 경제의 가치보다 자산 가치가 빠르게 상승합니다.

---

*   달러화 또는 원화로 표시되는 가격. 실질 가격과 반대되는 개념으로, 여기서는 재화의 가치는 바뀌지 않은 채 표시되는 가격만 바뀐다는 의미로 쓰였다.

도둑맞은 시간

밭 가는 자는 소망을 가지고 갈며

곡식 떠는 자는 함께 얻을 소망을 가지고 떠는 것이라

— 고린도전서 9:10

돈은 가치와 긴밀하게 연결되어 있습니다. 보통 우리는 측정의 단위로 미터, 킬로그램, 리터 등을 생각합니다. 측정 단위는 변하지 않습니다.

오늘의 밀 1킬로그램은 내일의 밀 1킬로그램과 같습니다. 하지만 돈은 그렇지 않습니다. 오늘의 100달러는 내일의 100달러와 다릅니다. 아주 천천히 진행되기 때문에 돈의 가치가 떨어지는 것에 대해 우리는 잘 알아차리지 못합니다. 하지만 그냥 지나쳐서는 안 됩니다. 돈은 우리의 시간을 측정하는 단위이기 때문에 돈의 가치가 변하는 것에 주의를 기울여야 합니다.

우리는 모두 일터에서 시간을 돈으로 바꿉니다. 평균 주 40시간을 일하는 사람은 자기 시간의 3분의 1을 일하는 데 쓰는 셈입니다. 이렇게 생각했을 때 인플레이션은 사람의 시간, 나아가 사람의 인생을 빼앗아 가는 도둑과도 같습니다. 인플레이션을 통해 매년, 매월 발생하는 도둑질의 복리 효과는 우리가 열심히 일해 얻은 성과와 기술 발전이 가져다준 혜택을 빼앗아갑니다.

불행히도 우리는 이 사실을 알아차리지 못합니다. 인플레이션이 아주 은밀하게 작동하기 때문입니다. 인플레이션이 일어나면 열심히 일해 저축하는 사람이 손해를 봅니다. 저축한 돈이 불어나는 것을 흐뭇하게 지켜보는 대신 저축한 돈의 가치가 시간이 지나면서 떨어지는 것을 망연히 바라볼 수밖에 없습니다.

돈을 도둑맞는 것은 일을 도둑맞는 것과 마찬가지입니다. 일을 도둑맞는 것은 시간을 도둑맞는 것입니다. 시간을 도둑맞는 것은 인생을 도둑맞는 것입니다. 인생을 도둑맞는 것을 우리는 노예제도라고 부릅니다.

초인플레이션

인플레이션이라는 나쁜 나무는 열매를 통해 드러납니다. 소비를 우선시하고 저축이 망가지는 것은 그 열매 중 하나일 뿐입니다. 정말 썩은 열매는 초인플레이션이며, 초인플레이션은 사회를 붕괴시킵니다.

운 좋게도 미국과 서구 국가들은 최근 몇십 년간 낮거나 보통 수준의 인플레이션을 유지했습니다. 하지만 다른 나라들은 그렇지 않았습니다. 1971년 미국이 금본위제를 포기한 이후 세계적으로 초인플레이션 사례가 급증했습니다.

물가상승률은 보통 연간 0~4%입니다.* 한 달에 50% 이상 가격이 올라가는 것을 초인플레이션이라 부릅니다. 하룻

---

*   Kimberly Amadeo, US Inflation Rate by Year: 1929-2023 https://www.thebalance.com/u-s-inflation-rate-history-by-year-and-forecat-3306093 (지은이)

밤 자고 일어났더니 지갑, 은행, 금고 등에 있는 모든 돈의 가치가 50% 이상 떨어졌다고 생각해보세요.

모든 초인플레이션의 원인은 같습니다. 정부가 통화 공급을 너무 빨리 팽창시키면 국민은 통화에 대한 신뢰를 잃게 됩니다. 이때 발생하는 것이 초인플레이션입니다. 이사야서에서 담이 순식간에 무너진 것처럼 통화의 지속적인 팽창은 갑작스러운 초인플레이션을 촉발합니다.

새로운 돈이 얼마나 발행되어야 경제 붕괴가 일어나는지 아무도 모릅니다. 평온했던 날 바로 다음 날, 돈이 아무런 가치가 없어집니다.

결론

무릇 슬기로운 자는 지식으로 행하거니와
미련한 자는 자기의 미련한 것을 나타내느니라
— 잠언 13:16

우리는 물가상승이 경제에 좋은 것이라고 배웠습니다. 연방

준비제도의 주요 목표 중 하나는 "안정적인 물가"이고, 연간 2%의 물가상승이 목표입니다. 많은 경제 "전문가"들은 디플레이션에 부정적인 시각을 가지고 있습니다. 디플레이션은 재화와 서비스의 가격이 전반적으로 내려가는 것을 말합니다. 디플레이션이 발생하면 사람들이 물가하락을 예상하고 소비를 줄이기 때문에 문제라는 논리입니다.

뭐가 더 나은 세상일까요? 매년 물건값이 싸지고 구매력이 올라가는 세상일까요, 아니면 매년 물건값이 비싸지고 구매력이 내려가는 세상일까요?

디플레이션 세상에서는 기술의 발전으로 생산 비용이 낮아져 제품 가격이 훨씬 낮아집니다. 부동산 같은 자산에 가치를 저장할 필요가 없어지므로 가치를 저장하는 자산이 지금보다 싸집니다. 엄청난 양의 부채에 의존하는 거대 기업과 정부를 뺀 나머지 모두가 디플레이션의 혜택을 봅니다.

경제 "전문가"들은 사람들이 미래를 위해 절약하기보다는 현재를 위해 소비하기를 바랍니다. 우리는 정부가 고용한 이 전문가들의 말을 들을 필요가 없습니다. 우리는 과거의 역사를 돌아봐야 합니다. 우리는 통화팽창이 도둑질이자, 권력자가 시민의 재산을 훔치는 방법이라는 것을 알아야 합니다.

화폐를 더 많이 만든다고 해서 공동체에 가치가 더해지지 않습니다. 이미 존재하는 가치를 재분배할 뿐이며, 그 가치는 정부에 가장 가까이 있는 사람이 먼저 받게 됩니다. 결국 인플레이션이 나타나고 미래를 위해 저축하려는 모든 사람의 재산이 강탈당합니다. 이게 끝이 아닙니다. 임금이 인플레이션에 비해 충분히 오르지 않으면, 같은 시간을 일해도 더 적은 임금을 받게 됩니다. 즉 미래 세대도 가치를 강탈당합니다.

이것이 다음 장에서 다룰 주제입니다. 바로 광범위한 도둑질을 가능하게 하는 도구, "법정화폐fiat money"입니다.

Chapter 4

법정화폐의 문제

THANK GOD
for
BITCOIN

부하려 하는 자들은 시험과 올무와 여러 가지 어리석고
해로운 욕심에 떨어지나니 곧 사람으로 파멸과 멸망에
빠지게 하는 것이라

— 디모데전서 6:9

우리는 현대 화폐 제도를 잘 이해하지 못하고 있습니다. 현대 화폐 제도는 중앙은행의 통제하에 있는 법정화폐 제도입니다. 법정fiat이라는 말은 말 그대로 "법령에 따른"이라는 뜻입니다. 즉 법정화폐는 권위에 의해 강요되는 화폐를 말합니다. 법정화폐를 뒷받침하는 것은 오직 정부의 법령뿐입니다.

이 제도는 엄청나게 불공정합니다. 불공평하고 불법적인 이 제도는 일부러 복잡하게 보이기 위해 여러 층으로 싸여 있어 쉽게 이해하기 어렵습니다. 이 제도가 복잡한 이유를 헨리 포드*가 잘 설명했습니다.

---

* Henry Ford(1863~1947). 미국의 기업인으로 자동차 회사 포드의 설립자이다.

국민들이 은행과 화폐 제도에 대해 잘 모르는 것이 다행일지도 모릅니다. 그렇지 않으면 이미 혁명이 일어났을 테니까요.

우리를 망가뜨리고 파괴하는 많은 일들이 법정화폐 때문에 일어납니다. 이번 장에서 어떻게 법정화폐가 동작하고 부패하는지 살펴봅니다. 중앙은행 기반 법정화폐 제도가 어떻게 동작하는지 알기 위해서는 복잡하게 싸여 있는 층을 하나씩 벗겨내야 합니다.

법정화폐에 대한 이해

그들은 모략이 없는 민족이라 그들 중에 분별력이 없도다

— 신명기 32:28

여러분이 시장에서 딸기를 팔고 있다고 생각해보세요. 한 사람이 다가와 보라색 지폐 다섯 장을 주면서 딸기 한 바구니를 달라고 합니다. 지폐에는 숫자 1이 쓰여 있습니다. 거위 모양 홀로그램이 예쁘게 그려져 있고, 양각으로 새겨진

별도 있습니다.

"이게 뭔가요?"

"퍼플 달러입니다."

"네?"

"제가 친구와 함께 만든 돈입니다. 저희가 발행했어요. 딸기 좀 주시겠어요?"

아마 여러분은 그 "돈"을 돌려주면서 미국 달러 같은 진짜 돈을 달라고 할 것입니다. 그 사람이 떠나자마자 여러분은 옆 가게 동료에게 정신 나간 사람이 돌아다니고 있으니 조심하라고 웃으며 말할 것입니다.

그런데 사실 현대 화폐 제도는 이 퍼플 달러와 별반 다르지 않습니다.

달러가 가치 있는 이유

우리는 퍼플 달러보다 미국 달러를 더 가치 있게 여깁니다. 종이의 질이나 새겨진 그림 때문이 아닙니다. 퍼플 달러를 더 좋은 종이로 만들고 그 위에 아름다운 그림을 그린다고 해서 가치가 더 생기지 않습니다. 남은 의문은 단 하나입니다. 왜 우리는 가상의 화폐보다 미국 달러를 더 가치 있게 생각할까요?

퍼플 달러와 미국 달러의 차이점은 더 많은 사람이 미국 달러가 가치 있다고 믿는 것뿐입니다. 즉 현재 화폐 제도를 벗어나면 미국 달러는 아무런 가치가 없습니다. 만약 그 정신 나간 사람과 그의 친구들이 권력을 잡는다면 강압과 폭력을 행사하여 미국 달러를 퍼플 달러로 바꿀 수 있습니다. 기존 통화를 불법화하고 모든 사람에게 미국 달러 대신 퍼플 달러를 쓰도록 강요할 수 있습니다. 그렇게 되면 전 세계적으로 미국 달러의 가치가 급락하고 결국 경제적 조정 기간을 거쳐 모든 사람이 새로운 통화를 사용하게 될 것입니다. 결국 미국 달러는 잊힐 것입니다.

너무 터무니없는 이야기처럼 보일 수 있지만, 이 퍼플 달러 사고실험은 대부분의 나라에서 법정화폐가 국가 표준 화폐로 자리 잡은 과정과 크게 다르지 않습니다. 예를 들어 라틴아메리카 국가에서는 지폐와 동전을 발행하고 몰수하는 과정이 여러 번 있었습니다. 1970년 이후, 페루에서는 두 번, 우루과이와 베네수엘라에서는 세 번, 아르헨티나와 브라

질에서는 네 번 있었습니다.[*]

정권 교체가 없더라도 법정화폐는 거의 실패하게 되어 있습니다. 775개의 법정화폐에 관한 한 연구에 따르면, 법정화폐의 평균 수명은 27년입니다. 가장 짧은 것은 1개월이었고 가장 긴 것은 1697년부터 있었던 영국의 파운드입니다. 법정화폐는 11세기의 중국, 바이마르 공화국[**], 루이 15세 치하의 프랑스, 독립전쟁 기간의 미국, 그리고 최근의 짐바브웨, 베네수엘라, 레바논 같은 다양한 나라를 황폐하게 했습니다.[***]

[*] Eugenio Díaz-Bonilla, Democracy and commodity cycles in Latin America and the Caribbean
https://www.ifpri.org/blog/democracy-and-commodity-cycles-latin-america-and-caribbean/
Latin America since the mid-20th century
https://www.britannica.com/place/Latin-America/Latin-America-since-the-mid-20th-century
Roberto Frenkel and Martín Rapetti, Exchange rate regimes in Latin America
https://www.cepr.net/documents/publications/exchange-rates-latin-america-2010-04.pdf (지은이)
[**] 제1차 세계대전 이후 독일에 세워진 공화국. 극심한 인플레이션을 겪었으며 아돌프 히틀러가 총통이 되면서 막을 내렸다.
[***] The Rise And Fall Of Fiat Currencies
https://www.dinardirham.com/the-rise-and-fall-of-fiat-currencies/
Chris Thomas, The World's 12 Greatest Currency Failures
https://goldiraguide.org/the-worlds-greatest-currency-failures (지은이)

정부가 법정화폐를 선호하는 이유

너는 사람과 더불어 손을 잡지 말며 남의 빚에 보증을 서지 말라

— 잠언 22:26

정부는 빚을 갚고 전쟁 자금을 마련하기 위해, 혹은 그냥 정부의 부를 늘리기 위해 돈이 필요합니다. 직접적인 세금은 인기가 없고 오히려 더 많은 문제를 일으킵니다. 정부 지출을 줄이는 것은 더 인기가 없어서 즉각적으로 문제를 발생시킬 수 있습니다. 반면 돈을 찍어내는 것은 저렴하고 국민을 속이기 쉬우며 부정적인 영향도 당장 나타나지는 않습니다. 돈을 더 찍어내면 정부는 당면한 문제를 즉시 해결할 수 있으며 화난 시민들을 달래고 안심시킬 수 있습니다.

법정화폐는 특별히 기존 권력구조를 강화합니다. 이를 캉티용 효과*라 부릅니다. 캉티용 효과는 새로 찍어낸 돈이 "화폐 인쇄기"에 가장 가까운 사람들에게 이득을 주는 방식

---

*   Nicolás Cachanosky, Cantillon Effects and Money Neutrality
https://aier.org/article/cantillon-effects-and-money-neutrality
(지은이)

을 설명합니다. 화폐 인쇄기에 가까운 사람들은 물가가 상승하기 전에 자산을 저렴하게 획득할 수 있습니다. 누가 특혜를 받을까요? 은행, 사모펀드, 헤지펀드, 거대 기업입니다.

캉티용 효과로 피해를 보는 사람들은 화폐 인쇄기에서 멀리 떨어져 있는 사람들입니다. 가난한 사람, 정치적 연줄이 없는 사람, 근로자 계층이 피해를 봅니다. 캉티용 효과는 미래세대에도 해악을 끼칩니다. 화폐를 인쇄하면 현재세대가 혜택을 받고, 엄청난 양의 빚은 미래세대가 집니다. 지금 밀레니얼 세대는 이를 직접 경험하고 있습니다.

법정화폐가 위험한 이유는 또 있습니다. 바로 이전 장에서 이야기했던 초인플레이션입니다. 일반적으로 초인플레이션이 발생하면 물가가 빠르게 상승합니다. 그러면 정부는 더 많은 돈을 찍어내고 이는 물가를 더 빠르게 상승시킵니다. 이렇게 악순환이 계속됩니다. 역사적인 실제 사례로, 미국 독립전쟁 중 대륙 의회Continental Congress에 의해 법정화폐가 발행되었을 때 대륙군Continental Army이 겪었던 일이 있습니다.[**]

[**] Farley Grubb, The Continental Dollar: How the American Revolution was Financed with Paper Money
https://www.nber.org/papers/w19577 (지은이)

상인들은 우리에게 아무 도움도 주지 않는다네. 영국 돈만 받아주니, 6펜스짜리 노래나 부르세.

— 알렉산더 해밀턴, 뮤지컬 〈해밀턴〉* 중에서

영국과 전쟁을 계속하기 위해 이 신생 의회는 '콘티넨털 Continentals'이라 불리는 화폐를 찍어낼 수밖에 없었습니다. 하지만 아직 군사적 지배력을 갖추지 못한 정부의 신생 화폐는 주민들의 신뢰를 받지 못했습니다. 무분별하게 발행된 콘티넨털 화폐는 결국 완벽히 붕괴했고 "콘티넨털의 가치도 없다Not worth a Continental"라는 말을 남겼습니다. 미국 헌법이 명시적으로 화폐를 금과 은으로 한정하는 것은 이 사건 때문이기도 합니다.

---

* 미국의 유명 뮤지컬. 미국 건국의 아버지 중 하나인 알렉산더 해밀턴의 생애를 다룬다. 미국 독립전쟁 및 미국 초기의 정치사가 배경이다.

법정화폐의 붕괴

애굽 땅과 가나안 땅에 돈이 떨어진지라 애굽 백성이

다 요셉에게 와서 이르되 돈이 떨어졌사오니

우리에게 먹을거리를 주소서 어찌 주 앞에서 죽으리이까

— 창세기 47:15

법정화폐는 통화가 너무 팽창하여 사람들이 더 이상 이 통화로 가치를 저장할 수 없다고 생각할 때 스스로 붕괴합니다. 중앙은행의 통화정책에는 제약이 있으므로 붕괴가 그렇게 빠르지 않을 수 있습니다. 하지만 미국을 포함한 현대 법정화폐 제도에서 중앙은행만 통화 공급을 증가시키는 것이 아닙니다. 상업은행, 투자은행 등 시중은행들도 모두 대출을 통해 새로운 돈을 "창출"할 수 있습니다.

은행은 일반 대중부터 큰 기업까지 다양한 종류의 고객에게 예금을 받고 대출을 해줍니다. 신규 대출은 통화 공급을 늘리고 대출 상환은 통화 공급을 줄입니다. 부채 총액이 바뀌지 않으면 총 통화량도 그대로입니다. 하지만 몇십 년 동안 총 부채액은 매년 증가하고 있습니다.

2009년 금융위기와 같은 심각한 경제적 상황이 오면 총 부채액이 줄어듭니다. 은행은 차입자들의 부도를 우려하여 더 이상 대출해주지 않습니다. 따라서 통화 공급이 위축됩니다. 많은 은행이 붕괴 위험에 처하게 되고 정부와 중앙은행은 "대마불사too big to fail"라는 구실로 이들을 구제합니다. 은행의 대출을 촉진하기 위해 중앙은행은 이자율을 낮춥니다. 이에 따라 총 부채 수준은 다시 올라갑니다. 늘어난 통화 공급은 다시 자산 가격을 상승시키고 더 많은 대출을 유발합니다. 이러한 통화팽창의 사이클이 계속 반복됩니다. 그 결과 부채 규모는 금융위기 후 10년간 훨씬 커졌습니다.

사실상 대마불사, 즉 너무 커서 실패할 수 없는 것은 존재하지 않습니다. 생산하는 것보다 더 많이 소비하는 사회는 언젠가 그 대가를 치러야 합니다. 전쟁, 복지 프로그램, 정치적 족벌주의에 대한 책임을 결국에는 져야 합니다. 늘어나는 빚을 제어할 수 없다면 결국 사회는 한계에 다다라서 무너질 것입니다.

사회가 한계점에 달하는 순간은, 총 부채가 너무 빨리 증가하여 상인들이 망가지고 있는 화폐를 더 이상 받지 않고 다른 형태의 돈을 요구할 때입니다. 초인플레이션은 돈이 완전히 망가지면 발생합니다. 요셉이 살았던 대기근 시기의 이

집트가 그랬습니다.

정부는 초인플레이션을 통해 사람들의 사유재산을 몰수합니다. 화폐가 일단 초인플레이션의 단계에 들어서면 통화는 더 이상 쓸모가 없어지며, 사람들은 외환이나 귀금속, 수집용 우표, 다이아몬드, 미술품 등 가치를 유지할 수 있는 것이라면 무엇이든 모으려 합니다.

법정화폐의 위험성

그러나 그들은 지존하신 하나님을 시험하고 반항하여

그의 명령을 지키지 아니하며

— 시편 78:56

수많은 역사학자와 경제학자, 작가들이 법정화폐의 위험성에 대해 경고해 왔습니다. 괴테의 《파우스트》 2부에서 악마는 파산한 황제에게 사후 채굴을 약속하며 무에서 돈을 만들어 내라고 조언합니다. 황제는 마법사들의 도움을 받아 악마의 조언을 그대로 따랐고, 결국 그의 왕국은 몰락했습니다.

교황 인노첸시오 4세[*]는 국민의 동의 없이 통화의 가치를 떨어뜨리는 것에 대해 경고했습니다. 독일 철학자 이마누엘 칸트[**]는 부채를 이용한 전쟁 자금 조달이 평화를 위협할 것이라고 말했습니다. 30개의 통화를 연구한 경제학자 피터 베른홀츠는 1700년 이래, 정부나 중앙은행이 자유롭게 조작한 통화 중 30년 이상 물가 안정을 누린 사례가 단 하나도 없다고 결론내렸습니다.[***]

경제학의 선구자로 알려진 니콜 오렘 주교와 경제학자 루트비히 폰 미제스[****]는 법정화폐의 인플레이션을 "폭정"이라고 불렀습니다.

법정화폐는 국민의 동의 없이 오직 부를 재분배하는 데만 쓸모가 있으므로 부도덕합니다. 법정화폐는 인플레이션을 일으켜 우리의 시간과 미래세대의 시간을 도둑질합니다. 법정화폐는 개인과 사회가 일궈온 모든 것의 가치를 떨어뜨

---

[*]   Innocentius IV(1195?~1254). 제180대 교황.
[**]   Immanuel Kant(1724~1804). 근대 계몽주의 철학자. 《순수이성 비판》 등을 썼다.
[***] James A. Dorn, Monetary Alternatives: Rethinking Government Fiat Money, Cato Institute, p.278 (지은이)
[****] Ludwig Von Mises(1881~1973). 경제학의 한 분파인 오스트리아학파를 크게 발전시켰다.

리고 나쁜 소비 습관을 지니도록 부추깁니다.

결국 정부는 인플레이션을 이용해 돈에 저장된 공동체의 미래 가치를 국민의 동의 없이 가져가고 있는 것입니다. 법정화폐는 인센티브를 왜곡하고 권력을 불균형하게 분배하여 지속 불가능한 시스템을 만들기 때문에 붕괴할 수밖에 없습니다.

법정화폐에는 부정적인 면이 많습니다. 실질 가치가 없고, 수명이 짧으며, 조작되기 쉽고, 항상 초인플레이션의 위험에 노출되어 있습니다. 이런 지경인데도 왜 정부는 상품화폐를 쓰지 않을까요? 왜 몇천 년 동안 쌓여온 증거를 무시하는 걸까요? 왜 모든 지도자가 금본위제를 버렸을까요? 모두 바보일까요?

아닙니다. 정부는 자신들이 무슨 일을 하고 있는지 정확히 알고 있습니다. 이기적이고 실리적인 정부는 은행과 긴밀한 관계를 맺고 있습니다. 사실 모든 민주주의 정부의 정치인은 표를 얻기 위해 단기적인 경제 호황을 만들어내려는 동기가 있습니다. 건전화폐가 금지하고 억제하는 이런 부도덕한 행동을 법정화폐는 부추기고 조장합니다.

전쟁 중인 국가가 전쟁 자금을 조달해야 할 때, 정부는 세금을 부과해 국민적 저항을 받을 위험을 감수하는 대신 돈을 직접 찍어낼 수 있습니다. 코로나19와 같은 전 세계적 유행병이 왔을 때 국민을 파산시키지 않고 봉쇄 정책_{lockdown}을 시행하려면 더 많은 돈을 찍어내면 됩니다. 국민에게 뭐가 됐든 무상제공을 약속하면서 권력을 잡은 정당은 돈을 찍어내어 그 약속을 지킬 수 있습니다. 정치인이 이런 행동을 하는 것은 어떻게 보면 당연합니다. 어차피 책임을 질 필요가 없기 때문입니다. 이 법정화폐 제도 안에 있는 정치인들은 《파우스트》의 황제와 크게 다르지 않습니다.

결론

탐욕이 지혜자를 우매하게 하고

뇌물이 사람의 명철을 망하게 하느니라

— 전도서 7:7

중앙은행 기반 법정화폐 제도에서 위정자들은 나쁜 행동을 할 유인이 있습니다. 돈을 찍어내고, 실제로는 존재하지 않는 돈을 빌려주고, 터무니없는 위험을 감수하고, 일이 잘 안

풀리면 구제금융으로 살려주고, 또 돈을 빌려주는 행위를 반복합니다. 이런 짓을 그만둘 이유가 없습니다. 자신들의 노동과 시간을 도둑맞는 것이 아니기 때문이지요. 실질적인 가치는 실질적인 노동을 통해서만 만들어집니다. 법정화폐 제도는 실제 노동의 가치를 훔쳐갑니다.

　돈을 찍어내는 것으로 번영을 이룰 수 없습니다. 이는 역사적으로 증명되었을 뿐 아니라 지금도 실시간으로 확인할 수 있습니다. 어떤 돈은 다른 돈보다 더 도덕적입니다. 법정화폐는 찍어내기가 너무 쉽고 도둑질에 악용될 수 있기 때문에 부도덕한 돈입니다.

　거짓에 기반한 화폐 제도에서 진실에 기반한 화폐 제도로 바뀌지 않는 한, 우리는 법정화폐가 만들어내는 부정적인 사이클에서 벗어날 수 없습니다.

　불행한 일이지만, 이런 진실을 아무도 가르쳐주지 않습니다. 대신 "대마불사" 같은 거짓 패러다임을 통해 우리 경제 구조가 튼튼하다는 착각을 하게 만듭니다. 이 모든 것은 정치 영역에서 이차적 영향을 미치며, 다음 장에서 이에 관해 이야기할 것입니다.

Chapter 5

돈과 정치

THANK GOD
for
BITCOIN

살인하지 말라 간음하지 말라 도둑질하지 말라

네 이웃에 대하여 거짓 증거하지 말라

— 출애굽기 20:13~16

앞선 두 장에서 살펴봤듯이 정부는 인플레이션과 법정화폐로 국민을 도둑질합니다. 하지만 이것만으로는 충분치 않습니다. 정부에게는 도둑질을 정당화할 명분과 정치 철학이 필요합니다.

현재 미국의 중앙은행인 연방준비제도Federal Reserve, 연준는 미국의 첫 번째 중앙은행이 아니었습니다. 미국은 그 전에 중앙은행을 두 번 설립했습니다. 독립전쟁 이후 1791년에 제1미국은행을 설립했고,* 1812년 전쟁** 직후 1816년에

---

*   Andrew T. Hill, The First Bank of the United States
     https://www.federalreservehistory.org/essays/first-bank-of-the-us (지은이)
**   1812년 6월부터 1815년 2월까지 미국과 영국 그리고 양국의 동맹국 사이에서 벌어진 전쟁.

제2미국은행을 설립했습니다.[*]

이 두 은행은 현재 연준만큼의 권한은 없었습니다. 예를 들어 제1미국은행은 20년 기한의 특허로 운영됐고 정부 채권을 살 수 없었습니다. 즉 권한이 제한적이었습니다. 연준만큼 강력한 권한이 없었던 이유는 정치 철학 때문이었습니다.

미국은 모든 사람이 자연법적으로 양도 불가능한 권리를 창조주에게 부여받았다는 원칙으로 건국되었습니다. 독립선언서는 다음과 같이 말합니다.

우리는 다음과 같은 사실을 자명한 진리로 받아들인다. 즉 모든 사람은 평등하게 창조되었고, 창조주는 몇 개의 양도할 수 없는 권리를 부여했으며, 그 권리 중에는 생명과 자유와 행복의 추구가 있다.

미국 건국의 아버지들이 가진 정치 철학이 중앙은행이 설립되는 것을 막지는 못했습니다. 하지만 중앙은행이 사람들의 경제적 자유를 침해하는 것을 상당히 제한할 수 있었습니다. 미국 건국의 아버지들은 정부를 국민의 머슴으로

[*]   Andrew T. Hill, The Second Bank of the United States
       https://www.federalreservehistory.org/essays/second-bank-of-
       the-us (지은이)

생각했습니다. 반대로, 국민의 권리를 보호하지 못하는 정부는 국민을 정부의 머슴으로 만듭니다. 이 정치가들의 시각이 반영된 결과로 미국의 두 번째 중앙은행은 1836년에 문을 닫았습니다. 당시 정치가들이 중앙은행의 해악을 알고 있었기 때문입니다.

나는 당신과 마찬가지로, 은행 기관이 상비군보다 더 위험하다고 진심으로 믿습니다. 우리가 쓰는 돈을 후손들이 갚도록 하는 것은 대규모로 자행되는 사기일 뿐입니다.
— 토머스 제퍼슨**

일반적으로, 국민의 돈을 도둑질하는 화폐 제도는 권력에 눈이 먼 정부들이 주로 채택합니다. 국민을 섬기고 개인적 자유를 보호하는 정부들은 쉽게 조작되지 않는 화폐 제도를 택합니다. 이번 장에서는 정치에서 돈의 역할과 이 경제적 관계의 영적 기원에 대해 알아보겠습니다.

**   Thomas Jefferson(1743~1826). 미국의 제3대 대통령. 미국 독립선언서의 기초를 썼으며 대통령 재임 기간에 루이지애나를 매입하였다.

권력욕

인류가 존재한 이래 정부도 존재해 왔습니다. 아담과 하와
를 최초의 "정부"로 간주할 수 있습니다. 이들은 피조물을
다스리고 땅을 지배할 책무를 받았습니다. 하나님은 아담과
하와를 에덴동산의 가장 높은 위치에 두셨지만, 마냥 에덴
동산의 풍성함을 즐기라고 그렇게 하신 것은 아니었습니다.
오히려 그 동산을 경작하게 하셨습니다. "일"이라는 단어는
경작의 의미를 담고 있으며, 우리를 피조물과 이 땅을 돌보
는 청지기로 지으신 하나님의 뜻을 보여줍니다.

아담과 하와는 영원토록 중요한 사명을 받았습니다. 이
들은 동산에서 풍요를 누렸지만, 거기에 만족하지 못하고
유혹에 넘어갔습니다. 하나님이 금하신 단 한 가지에 집중
했습니다. 아담과 하와는 모든 것을 다스리고자 했고 하나

님을 시험했습니다. "정부"는 그 이후로도 하나님이 금하신 열매를 계속해서 먹고 있습니다.

인간 사회를 운영하는 막중한 책임을 부여받은 정부 중 많은 수가 아담의 썩은 열매를 탐했습니다. 위정자들은 권력을 탐하고 선악을 뒤집으려 하다가 파멸의 길로 향했습니다. 예상한 대로, 이들의 법령은 공동체 전체의 부를 빼앗아 그들 자신과 측근들을 배부르게 했습니다.

정부는 국민을 안전하고 안락하게 보호해야 할 도덕적 의무가 있습니다. 하지만 정부는 국민의 권리를 희생시켜 스스로 신이 되고자 했습니다. 그 결과 역사에서 볼 수 있듯, 정부는 지난 100년간 가장 치명적이고 파괴적인 존재가 되었습니다.

참된 정의

너희는 재판할 때에 불의를 행하지 말며 가난한 자의 편을 들지 말며
세력 있는 자라고 두둔하지 말고 공의로 사람을 재판할지며

— 레위기 19:15

레위기의 이 구절은 공평과 정의에 대한 하나님의 기준을 보여줍니다. 정의는 공평하고 편견이 없어야 합니다. 누군가에게 반대급부를 기대하며 특혜를 주어서는 안 됩니다. 나쁜 행동을 용납해서도 안 됩니다. 그러나 전 세계의 정부들은 법률을 통해 한 집단을 다른 집단보다 우대하면서 고통과 분열의 씨앗을 심고 있습니다.

위의 레위기 구절은 모세나 이스라엘의 지도자들에게 하신 말씀이 아니라 이스라엘 국민 모두에게 하신 말씀입니다. 지도자들이 조금 더 큰 책임을 지지만, 정의를 지키는 책임은 모두에게 있습니다. 존 스튜어트 밀*이 말했습니다.

악한 사람들이 그들의 목적을 이루는 데 필요한 것은 선한 사람들이 방관하는 것뿐이다.
— 존 스튜어트 밀

정의로운 사회는 권력이나 돈과 무관하게 개인의 행동을 판단합니다. 정의로운 화폐 제도는 공동체에 이바지하는 사

---

*   John Stuart Mill(1806~1873). 영국의 철학자, 경제학자. 논리학, 윤리학, 정치학, 사회평론 등에 걸쳐서 방대한 저술을 남겼으며 《정치경제학원리》, 《자유론》 등을 썼다.

람에게 보상이 돌아가도록 합니다. 타락한 화폐 제도는 공정하고 일관적인 거래 구조를 제공하지 않습니다. 한 그룹을 희생하여 다른 그룹을 배부르게 합니다.

돈에서 정치 떼어내기

절대 권력은 절대 부패한다.

— 액턴 경[**]

돈은 시장에서 절대적인 권력입니다. 돈은 어떤 자본이라도 지배할 수 있습니다. 정부를 제한 없이 성장하게 하는 힘은 법정화폐에서 나옵니다. 법정화폐는 정부에게 돈을 통제할 수 있는 권한을 줍니다. 정부는 법정화폐를 통해 끝없이 도둑질할 수 있습니다. 누구도 공동체의 노동과 저축을 갈취할 수 있는 권력을 가져서는 안 됩니다. 하지만 이 권력이 눈에 보이는 형태로 존재하기 때문에 많은 시간과 노력, 돈이

[**]   Lord Acton(1834~1902). 영국의 정치인, 역사가.

이 권력을 가지기 위해 낭비됩니다.

통화 공급을 조작할 능력이 없다면 정치인은 명시적으로 세금을 걷거나 돈을 빌려야 합니다. 이전 장에서 살펴봤던 것처럼 인플레이션과 법정화폐는 공동체를 도둑질할 수 있게 해주는 힘입니다. 보이지 않는 도둑질을 가능케 하는 이 악의적인 권력을 정부가 가지는 것이 문제입니다. 우리는 정치에서 돈을 떼어낼 수는 없지만, 돈에서 정치를 떼어낼 수는 있습니다. 정치인들이 승리의 전리품으로 돈의 통제권을 얻을 수 없다면 정치인들의 권력에 대한 욕정이 줄어들고, 공동체를 섬기려는 마음은 커질 것입니다. 어떻게 돈에서 정치를 떼어낼지를 8장과 9장에서 설명하고자 합니다.

정치가 화폐 공급을 통제하면 많은 문제가 생기는데, 그 중 몇 개를 먼저 알아보겠습니다.

첫째, 정부가 세금 수입에 의존하지 않게 됩니다. 정부는 들어오는 돈보다 더 많이 쓸 수 있으며, 그 결과 막대한 부채를 쌓습니다. 이와 유사하게 정부는 비용을 크게 신경 쓰지 않습니다. 거의 모든 기업이 어떤 식으로든 정부에 물건을 대려 합니다. 이런 일은 보통 특정 산업을 지원하는 정부 사업의 형태로 이루어집니다. 예를 들어 미국에서는 제약회사들이 메디케어 D*사업으로 이득을 봤고 대학들은 학자금대출 제도로 이득을 봤습니다.

둘째, 정부는 정치적으로 연결된 기업 또는 산업을 보호하려 합니다. 경쟁력 없는 기업이나 낙후된 산업이라도 상관없습니다. 일반적으로 정부는 구제금융이나 국유화를 통해 이들을 보호합니다. 특히 은행과 보험회사가 보호 대상입니다. 원래 파산했어야 할 기업이 새로 찍어낸 돈으로 연명합니다. 즉 기존 권력을 보호하고 현 상태를 유지하려고 하는 강한 편향이 존재합니다.

셋째, 사람들은 이자율이 높으면 저축하려 하고, 이자율이 낮으면 소비하려 합니다. 정부는 거의 항상 빚을 지고 있습니다. 그래서 중앙은행은 이자율을 낮게 유지하려 합니다. 인플레이션이 저축을 도둑질해 가기 때문에 사람들은 저축을 적게 합니다. 저축이 줄면 사람들은 경제적 충격에 취약해지고 정부에 더 의존하게 됩니다. 게다가 저축이 줄어든다는 것은 더 많이 소비한다는 뜻입니다. 이 문제에 대해서는 다음 장에서 살펴보겠습니다.

정부가 화폐 시장에서 독점권을 가지면 절대 권력이 되

고 절대적으로 부패합니다. 부채 기반 법정화폐 제도의 결과로 정부는 공동체에서 돈을 훔쳐 자기들의 배를 불리는 의도적인 불의를 행합니다.

좋은 의도와 무제한적 예산

하나님의 말씀은 살아 있고 활력이 있어 좌우에 날 선
어떤 검보다도 예리하여 혼과 영과 및 관절과 골수를 찔러
쪼개기까지 하며 또 마음의 생각과 뜻을 판단하나니

— 히브리서 4:12

정치인들은 유권자를 만족시키기 위해 최선을 다합니다. 정치인이 학교를 개선하고 새 도로를 개설하고 복지 프로그램을 확충하기 위해 애쓰는 것은 겉보기에 좋아 보입니다. 하지만 엄청난 돈이 든다는 것이 문제입니다.

정치인들은 유권자들을 위한 정부 예산을 얻기 위해 다른 정치인과 경쟁합니다. 돈에 제한이 있으면 경쟁이 생기고 이에 따라 가장 중요한 사업에 자금이 투입됩니다. 예산이

제약되어 있으면 경박하고 비용이 많이 드는 일에 돈을 쓰는 것을 막을 수 있습니다.

반면 예산에 아무 제약이 없으면 정치인들은 실수를 인정할 필요 없이 자신의 주장을 밀고 나갈 수 있습니다. 마음대로 돈을 찍어내어 모든 것을 지원할 수 있는데 뭐하러 자금을 따내기 위해 다투겠습니까? 내가 번 돈을 쓰는 것보다 남이 번 돈을 쓰는 것이 더 편한 법입니다. 이런 행동을 제한 없이 할 수 있다면, 이는 망하는 길입니다.

1917년 미국 의회는 부채 상한, 즉 예산을 제약하는 법안인 제2자유채권법Second Liberty Bond Act을 통과시켰습니다. 1917년 이전에는 정부 부채 상한이 없었지만, 의회에서 정부가 발행할 수 있는 부채 금액을 제한하고 있었습니다. 금이 돈을 뒷받침하고 있을 때는 이 부채 상한이 의미가 있었습니다. 금이 정부 지출에 자연적인 제약을 가하고 있었기 때문입니다.

2장에서 설명했듯, 미국 정부는 1971년에 달러와 금을 교환할 수 있는 직접적인 방법을 막았으며 미국 달러는 법정화폐가 됐습니다. 금의 희소성이 더 이상 정부 부채를 자연적으로 제약하는 역할을 하지 못하게 된 것입니다. 그리고 잘못된 지출을 더 많은 돈을 써서 덮는 현재의 정치적 관행이 탄생했습니다.

그 결과, 정치적 문제는 이제 결과가 아닌 의도로 평가됩니다. 좋은 의도처럼 보이게 위장된 정부 예산이 정치적 연줄이 있는 사람에게 흘러갑니다. 예를 들어 교육부는 교육의 질을 높여야 하고 에너지부는 에너지 시장의 가격 변동성을 줄여야 합니다. 하지만 이 목표는 거의 달성되지 않았고 예산은 주로 해당 분야의 노동조합과 대기업에 특혜를 주는 데 사용됐습니다.

부채 한도는 정부 예산을 제약하기 위해 도입됐습니다. 하지만 정치인들은 다양한 사업을 지원하기 위해 계속해서 부채 한도를 높이는 데 투표해 왔습니다. 1971년 이후 정치인들은 부채 한도를 60번 넘게 올렸고 무절제한 지출로 정부 부채는 막대해졌습니다. 그 결과 세계는 10년 또는 15년마다 금융 붕괴의 위험에 흔들리게 됐습니다.

법정화폐 덕분에 정치인들은 자신들의 실수를 인정하는 대신 고집을 부릴 수 있게 되었습니다. 언젠가 정치인들은 히브리서에서처럼 하나님께 대답해야 할 것입니다.

더 많은 돈, 더 많은 문제

불의를 행하는 자는 불의의 보응을 받으리니

주는 사람을 외모로 취하심이 없느니라

— 골로새서 3:25

미국 정부의 새로운 부채는 그 자체로 새로운 "돈"입니다. 정부가 빌린 모든 달러는 재화와 서비스를 구매하는 데 사용되고 결국 전 세계로 퍼집니다. 정부는 상품을 구매하고 기업은 돈을 벌어 직원을 고용하니 겉보기에는 좋아 보입니다.

하지만 3장에서 살펴보았듯 정부가 빌린 돈은 국민의 재산을 훔친 것입니다. 정부 부채로 실행되는 경제 활동은 그 통화로 저축한 모든 사람의 돈으로 뒷받침됩니다. 원래는 개인이나 공동체가 원하는 대로 사용되었을 돈이지만, 정부에게 도둑맞아 정부가 원하는 대로 사용됩니다.

3장에서 설명했듯 사회가 발전하면 물가하락, 즉 디플레이션이 나타납니다. 기술의 진보는 엄청난 디플레이션 효과를 일으킵니다. 기술이 발전하면 생산 비용이 줄어들고 적은 비용으로 더 많은 재화와 서비스를 생산할 수 있습니다.

예를 들어 휴대전화는 극적으로 발전해서 지금 세대의 아이폰에는 카메라, 달력, 화상 전화, 음악 플레이어, 텔레비전, 게임기, 건강 체크 기능이 모두 통합되어 있습니다. 1991년에 이런 기능을 가진 기기는 엄청나게 비쌌을 것입니다.

이런 기술적 혁신에도 불구하고 우리는 보통 물가상승, 즉 인플레이션을 겪습니다. 3장에서 지적했듯 자연적 디플레이션과 실제 인플레이션의 차이가 바로 "화폐 인쇄기"가 공동체에서 훔쳐낸 가치입니다.

남아메리카, 동유럽, 동남아시아, 아프리카와 같은 지역에서는 인플레이션의 효과가 더욱 두드러집니다. 이 지역의 사람들은 통화 조작으로 인한 지속적인 절망감과 무력감을 느끼고 있습니다. 다른 지역에서는 이러한 통화 조작이 부의 양극화가 심화하는 형태로 나타나고, 이는 자산 가격 인플레이션 때문에 발생합니다.

부의 불평등의 기원

세계적으로 점점 중요해지는 정치적 이슈 중 하나는 부의 불평등입니다. 부자들은 아무것도 안 하는 것처럼 보이는데 더 부자가 됩니다. 하지만 대부분 사람은 빚에서 벗어나기 위해 안간힘을 씁니다. 이런 현상은 특히 젊은층에서 두드러집니다. 현재 청년들은 자기 부모가 청년 시절에 가졌던 부를 거의 가지고 있지 못합니다. 동시에 장년층은 자기 재산이 점점 없어지고 있다고 느끼기 때문에 은퇴를 미룹니다. 음식과 주택 가격, 의료와 같은 필수품들이 점점 비싸지고 있습니다. 이 상황은 지속될 수 없습니다.

많은 사람이 이 문제를 인식하고 있으며 정부가 이를 해결하기 위해 내놓는 대책도 끝이 없습니다. 전 국민의료보험이나 학자금대출 탕감, 보편적 기본소득은 그중 몇 가지에 불과합니다. 커지고 있는 부의 불평등을 해결하기 위해 나온 대책들이지만 근본적인 원인에는 다가가지 못합니다.

근본적인 원인 중 하나는 정부가 돈을 새로 만들어서 경제의 어느 부문에든 원하는 대로 쓸 수 있다는 점입니다. 정부는 돈을 찍어낼 수 있기 때문에 재화나 서비스의 가격에 별로 신경 쓰지 않습니다. 이런 무차별적인 지출은 사회에 아무런 가치를 더하지 못합니다.

돈을 인쇄해 소비하는 것은 한 집단의 재산을 훔쳐 다른 집단에 주는 것과 같습니다. 그저 부의 재분배에 불과할 뿐입니다. 부가 재분배될 때, 그 부는 많은 경로를 거치고 그 과정에서 희석되고 분산된다는 사실을 명심해야 합니다. 부는 세금을 내고 저축을 하는 사람으로부터 정부 관계자로 이동합니다. 정부와 연이 있는 사람들이 엄청나게 부자인 것은 우연이 아닙니다.

이런 명백한 정치적 정실주의 외에도 돈이 정치적으로 연이 있는 사람에게 흘러가는 다른 길이 있습니다. 정부의 지출이 혹시 좋은 결과를 가져온다고 하더라도 우리가 4장에서 이야기했던 '캉티용 효과'가 발생합니다. 현재 화폐 제도 하에서 부유한 자들은 매우 낮은 이자로 대출받을 수 있습니다. 이들은 높은 이자에 시달리는 사람보다 더 싸게 자산을 사들일 수 있습니다.

　예를 들어 2008년 금융위기 때 주택가격이 무너졌습니다. 집주인들은 담보 대출금을 감당할 수 없었고 주택가격보다 대출금이 더 커졌습니다. 집주인들은 손해를 보고 집을 팔거나 압류당했지만 은행은 정부가 구제해주었습니다. 동시에 정부와 연이 있는 집단이 낮은 이자로 대출받아 싸게 나온 매물을 구매했습니다. 이들은 몇 년 후에 큰 이득을 올리며 집을 팔았고 더 부유해졌습니다.

　이런 비열한 거래는 오로지 정부가 돈을 통제하기 때문에 가능한 것입니다. 마치 요한복음 구절에 나오는 "다른 데로 넘어가는" 도둑처럼 많은 부자들이 도둑질을 통해 부를 얻었습니다. 정부는 돈을 찍어내어 부자에게 혜택을 주고 부의 불평등을 확대합니다.

마르크스주의와 돈

어리석은 자는 그의 마음에 이르기를 하나님이 없다 하도다

그들은 부패하며 가증한 악을 행함이여 선을 행하는 자가 없도다

— 시편 53:1

부의 불평등이 계속되자 사람들은 개인의 권리를 희생하여 문제를 해결하는 정치 철학에 관심을 갖기 시작했습니다. 마르크스주의와 공산주의 그리고 사회주의가 그 세 가지로, 매우 불의한 정치 철학입니다. 공동체의 이익을 위해 자본을 집단적으로 소유해야 한다는 개념이 이 이념적 환상의 핵심입니다.

현실적으로, 이 "집단이 소유한" 자본의 관리자들은 자기를 위해 자본을 몰수합니다. 집단주의는 책임 원칙과 모순됩니다. 지난 100년간 1억 명 이상의 사람을 죽음으로 몰아넣은 이 정치 철학은 마오쩌둥, 스탈린, 폴 포트*와 같은 지도자들의 학정을 통해 다른 어떤 것보다 더 많은 죽음과

---

*   Pol Pot(1925~1998). 캄보디아의 독재자이자 공산주의 혁명가. '킬링필드'라 불리는 근본주의적 공산주의 원리에 따른 학살을 주도하였다.

파괴를 가져왔습니다. 공산주의, 사회주의, 마르크스주의는
모두 마르크스주의를 근본으로 하고 있으므로 지금부터 이
세 가지를 모두 마르크스주의라고 부르겠습니다.

종교는 인민의 아편이다. ─ 카를 마르크스

마르크스의 이 인용구가 보여주듯, 마르크스주의의 핵
심에 무신론이 있습니다. 부채 기반 법정화폐 제도가 마르
크스주의의 핵심적 무기라는 사실은 잘 알려지지 않았습니
다. 《공산당 선언》의 5번째 강령은 다음과 같습니다. "국가
자본과 배타적인 독점권을 가진 국립 은행을 통해 국가의
손안에 신용을 집중한다."

마르크스가 《공산당 선언》을 쓴 것은 중앙은행이 유행하
기 훨씬 전인 1848년입니다. 지난 장에서 이야기했듯, 괴테
의 《파우스트》 속 악마는 법정화폐라는 끔찍한 수단을 이
용해 왕을 위한 부를 창조했습니다. 마르크스는 《파우스트》
를 매우 좋아했으며, 악마가 나눈 대화를 기억해 자주 암송
했습니다. 그는 중앙은행 기반 법정화폐 제도를 신봉했고 문
자 그대로 《파우스트》의 악마에게서 영감을 받았습니다.

마르크스주의의 도덕적 타락은 역사를 공부한 사람에게

명백한 사실입니다. 어떤 돈을 사용하든 마르크스주의는 그 자체로 부도덕합니다. 국가는 법정화폐를 통해 시민의 재산을 훔치고 훼손합니다. 마르크스주의는 국가의 이익을 위해 사유재산을 장악하는 것을 목표로 합니다. 법정화폐는 이 이념의 핵심 기능 중 하나입니다.

일단 사회의 재산과 자유가 장악되고 난 후에는 상상할 수 없는 권력 남용이 발생했습니다. 그 결과 역사의 매우 짧은 시간 동안 수많은 사람이 학살당하고 기아에 시달렸습니다.

공짜에 대한 환상

거짓 그리스도들과 거짓 선지자들이 일어나서 이적과 기사를
행하여 할 수만 있으면 택하신 자들을 미혹하려 하리라
— 마가복음 13:22

도덕적 파산에도 불구하고 마르크스주의 및 이와 관련된 정치 이념들은 매력적으로 보일 수 있습니다. 권력 남용이 횡행하고 국민의 기본적 필요가 채워지지 않는 경제적으로

어려운 시기에, 모든 것을, 특히 부자들의 것을 공유하자고 하는 정치 철학은 매력적으로 보일 수 있습니다. 정부는 의료나 교육, 주거 문제를 해결하기 위해 무상 공공서비스를 제공한다고 말합니다. 이러한 정부 사업은 정치인과 은행이 저지르는 부패를 상쇄할 것처럼 보입니다.

하지만 이런 생각들은 결국 권력욕을 감춘 것에 지나지 않습니다. 잘못을 두 번 한다고 잘못이 없어지지 않습니다. 정부의 무상 공공서비스는 거의 항상 정치적으로 연줄이 있는 부유한 개인에게 혜택을 줄 뿐, 정말 필요한 사람에게는 가지 않습니다. "국민을 위한" 정부의 약속은 새로운 사람을 권력으로 끌어들이기 위한 상투적인 거짓말일 뿐입니다. 새로운 정부는 늘 국민의 종이 되겠다고 약속하지만, 그 정부는 거의 항상 국민의 주인이 되고, 옛 주인과 크게 다르지 않다는 것을 보여줍니다.

권력 집중이 가장 중요한 문제입니다. 권력 남용에 대한 해결책은 도둑질 도구를 통제할 수 있는 새 관리자를 들여오는 것이 아니라 이 도구를 완벽히 제거하는 것에 있습니다. 안타깝게도, 우리의 새 주인이 되고자 하는 이들은 예수님이 마가복음에서 경고하셨던 거짓 선지자처럼 우리를 속일 가능성이 큽니다.

부유층 과세 및 현대통화이론

그 종이 나가서 자기에게 백 데나리온 빚진 동료 한 사람을 만나

붙들어 목을 잡고 이르되 빚을 갚으라 하매

— 마태복음 18:28

마르크스주의자가 내놓은 또 하나의 인기 있는 해결책은
부유층에게 세금을 걷어 공공서비스에 사용하자는 것입니
다. 이런 감정은 부의 불평등이 생긴 원인을 잘못 진단하여
생깁니다. 법정화폐는 영원히 팽창합니다. 따라서 부유층
에게 세금을 걷어 부의 불평등을 해결하려는 시도는 가라
앉는 타이태닉호에서 바가지로 물을 퍼내는 것과 같습니다.
마태복음에서 1만 달란트의 빚이 있던 종이 100데나리온
때문에 다른 종의 목을 잡고 흔든 것처럼, 부유층에게 90%
의 과세를 한다 해도 정부의 재정 적자를 아주 조금 없앨
수 있을 뿐입니다.

가장 최근의 마르크스주의 이론은 현대통화이론Modern
Monetary Theory, MMT입니다. MMT는 물가가 통제 불능이
되지 않는 한 정부의 재정 적자는 괜찮다고 주장합니다.

MMT에 따르면 물가는 세금으로 통제할 수 있습니다. 통화
정책과 세금이 모두 정부의 통제하에 있으므로 MMT가 모
든 경제적 문제를 해결할 수 있다고 말합니다. MMT는 정치
인들이 절대 실수하지 않아야 제대로 동작합니다. MMT하
에서 승자와 패자를 결정하는 것은 정치인입니다.

역사적으로 볼 때 자유시장이 성공과 실패를 가려내도
록 두는 것이 더 나은 선택이었습니다. 경제가 법정화폐로
부양되지 않고 이자율이 강제적으로 낮게 유지되지 않으면,
경기침체가 짧게 끝나는 경향이 있습니다. 안타깝게도 이런
사례는 역사책에 언급되지 않습니다. 예를 들어 1920년에
서 1921년까지 짧게 있었던 불황 시기에 연방 정부는 지출
을 늘리지 않고 오히려 줄였습니다.[*] 이는 대공황을 불러왔
던 1930년대의 사례와는 정반대였습니다. 즉 시장은 자정
능력이 있으며 대규모 개입이 필요하지 않습니다. 안타깝게
도 1920~1921년의 불황 사례는 잘 알려지지 않았습니다.

결국 MMT는 정부가 더 많이 지출하기 위한 구실에 불
과합니다. 정부는 취약계층을 돕고 부의 불평등과 싸우기
위해 돈을 찍어내는 것이라고 정당화합니다. 3장과 4장에서

[*]   Grant, James (2015), The Forgotten Depression: 1921: The Crash
        That Cured Itself, Simon and Schuster (지은이)

이미 설명했듯이 정부의 적자 지출은 통화를 팽창시키고 공동체의 가치를 도둑질합니다. 따라서 이는 실체가 없는 것이며 베드로를 털어 바울에게 주는 것에 불과합니다.

이런 부의 재분배 계획은 아무 가치도 만들어내지 못합니다. MMT는 그저 정부가 공동체를 도둑질하기 위해 내세우는 또 다른 명분이며 정의의 언어로 포장돼 더 그럴듯하게 보일 뿐입니다.

법정화폐의 폭력성

네가 네 마음에 이르기를 내가 하늘에 올라 하나님의 뭇별 위에
내 자리를 높이리라 내가 북극 집회의 산 위에 앉으리라
가장 높은 구름에 올라가 지극히 높은 이와 같아지리라 하는도다
— 이사야 14:13~14

다른 모든 악덕처럼 권력욕도 한계가 없습니다. 야심에 찬 독재자들은 자국민을 굴복시키고 나면 해외로 눈을 돌립니다. 이사야서에 나오는 사탄처럼, 전쟁은 주로 권력욕 때문

에 일어납니다.

전쟁을 벌이려면 비용이 많이 듭니다. 정부는 무기나 군인, 훈련, 수송 등에 많은 돈을 써야 합니다. 역사적으로 전쟁은 대부분 한쪽의 자금이 고갈되어 끝났습니다. 패배한 쪽은, 때로는 승리한 쪽도 마찬가지로 자원이 고갈되며, 많은 부채가 생기고, 더 이상 돈을 빌릴 수 없는 상황에 부닥칩니다. 원래 대부분의 전쟁은 한 국가가 열심히 모은 제한된 비축금으로 치러졌습니다.

20세기 이전의 정부는 정부의 지불 능력 한도까지만 전쟁을 수행할 수 있었습니다. 하지만 법정화폐는 이 제한을 없애고 정부가 권력을 장악할 수 있도록 했습니다. 정부가 별 노력 없이 새로운 돈을 찍어낼 수 있게 되면 정부는 공동체의 자원을 훨씬 쉽게 강탈할 수 있습니다.

예를 들어, 제1차 세계대전은 소규모 전쟁이 법정화폐 때문에 점점 악화되다가 결국 전 세계적 재앙으로 확장된 전쟁입니다. 제1차 세계대전의 참가국들은 명목상 금본위제하에 있었으나 태환을 중지하여 금본위제를 회피했습니다. 일단 은행권이 더 이상 금으로 전환되지 않게 되자, 각국의 중앙은행은 마음대로 은행권을 찍어내어 통화를 팽창시켰습니다. 참가국들은 새로운 돈을 찍어냄으로써 재정적인 제한 없이 전쟁을 계속할 수 있었고 자국민의 자원을 전쟁에 바로 투입할 수 있었습니다.

경화hard money의 제한이 없어지자, 전쟁이 사회 전체를 파괴하는 것을 막을 방법이 없어졌고, 결국 두 차례의 세계대전과 같은 결과가 나타났습니다. 법정화폐는 제한된 전쟁을 총력전으로 바꾸었으며, 과거의 전쟁보다 훨씬 많은 사람을 희생시켰고 사회를 완전히 황폐하게 했습니다.

현대의 중앙은행은 군산복합체의 지속적인 확장을 가능하게 합니다. 법정화폐가 너무 쉽게 만들어지기 때문에 정부는 평화적인 시기에도 군사력을 증강하여 국가 방어력을 높이려고 합니다. 이는 이라크와 아프가니스탄에서 계속되는 전쟁을 보면 알 수 있는 사실입니다.

결론

권력욕을 가진 불완전한 인간이 지금의 정부를 지배하고 있습니다. 법정화폐로 가능하게 된 "금단의 열매"를 취하며 하나님의 자리에 오르려 합니다. 아담과 하와의 이야기에서 알 수 있듯이, 이러한 불경의 결말은 죽음입니다.

권력이 더 집중될수록 정부는 더 부패해집니다. 돈에 대한 통제력이 한 곳에 집중되면 이는 막대한 정치 권력이 되어 전례 없는 악행으로 이어집니다. 역사적으로 위정자들은 이 은밀하고 즉각적인 대규모 도둑질의 유혹을 잘 견디지 못했습니다. 이를 바로 잡기 위해서 정부나 그 누구도 마음대로 할 수 없는 돈이 필요합니다.

정부가 부패하는 것만이 현재 통화 시스템의 유일한 쓴 열매는 아닙니다. 악한 시스템은 우리의 인격을 타락하게 합니다. 우리의 행동에 영향을 주고, 우리의 인간관계에 스며들며, 삶에서 중요한 선택을 결정짓습니다. 이에 관한 도덕적 의미를 다음 장에서 다루겠습니다.

Chapter 6

부패한 돈의 도덕적 결과

THANK GOD
for
BITCOIN

법정화폐로 인해 돈이 정치화되고, 인플레이션이 발생한 덕에 정부와 특권층은 수고하지 않고 열매를 거두어 갑니다. 이는 생산적이고 가치 있는 노동을 하려는 의욕을 꺾고 다양한 형태의 도둑질을 조장합니다. 원래 돈은 시간을 뛰어넘어 노동의 가치를 보존하기 위한 것이었으나 이제는 공동체를 착취하기 위한 도구가 되어버렸습니다. 이러한 죄악의 결과는 매우 심각해서 사실 삶의 거의 모든 영역에 영향을 미칩니다.

이번 장은 나쁜 돈이 맺은 나쁜 열매라고 할 수 있는 왜곡된 도덕관과 영적 병폐들을 살펴봅니다.

법정화폐 러닝머신

그러므로 너희가 그리스도와 함께
다시 살리심을 받았으면 위의 것을 찾으라
— 골로새서 3:1

현행 화폐 제도의 인플레이션으로 인해 공동체가 강요받는 희생은 끝없이 늘어나고 있습니다. 인플레이션 경제에서는 부를 유지하는 데만도 많은 시간과 노력 심지어 돈까지 필요합니다. 투자 자문, 세무 회계, 은퇴 계획과 같은 금융 서비스를 생각해보세요. 이들은 모두 인플레이션을 따돌리기 위한 메커니즘입니다. 금본위제 시대에는 이런 "재정 자문 서비스"가 직업으로 존재하지 않았습니다. 그럴 필요가 없었기 때문입니다.

러닝머신 위에서 뒤로 가지 않기 위해서는 열심히 뛰어야 합니다. 망가진 돈을 사용하는 우리는 가진 재산을 유지하는 데만도 많은 노력을 해야 합니다. 부유한 사람일수록 더 많은 시간과 에너지 그리고 돈을 그저 부를 유지하기 위해 써야 합니다. 부를 유지하려는 사람은 인플레이션을 따돌리기 위해 주식이나 뮤추얼 펀드, 부동산 등 투자 수단을 찾기 위해 상당한 시간을 소비합니다.

반대쪽 끝에는 빚에 의존하는 가난한 사람들이 있습니다. 수입과 자산이 부족하므로 가난한 사람들은 높은 이자에 시달립니다. 빚을 갚기 힘들고, 더 많은 빚에 의존하게 됩니다. 이런 빚의 악순환은 사람을 감정적, 정신적으로 황폐하게 만듭니다. 가난한 사람들은 이런 빚의 악순환에 빠지지 않기 위해, 혹은 이미 빠졌다면 거기서 벗어나기 위해 엄청난 시간과 에너지를 씁니다.

부유한 사람이든 가난한 사람이든 인생에서 중요한 결정을 할 때 우리는 돈을 가장 먼저 생각합니다. 어떤 직업을 가져야 할까? 아이는 몇 명을 가져야 할까? 어떤 정당을 지지해야 할까? 이런 결정은 거의 부정직한 돈이라는 흐릿한 안경을 통해 이루어집니다. 하나님이 주신 목적이 우리 삶을 인도하는 대신 부정직한 돈이 우리 삶을 인도하고 있습니다. 다시 말해, 우리는 하나님 대신 돈을 신뢰하도록 강요받고 있습니다.

그저 비즈니스일 뿐

공평한 저울과 공평한 추와 공평한 에바와 공평한 힌을
사용하라 나는 너희를 인도하여 애굽 땅에서 나오게 한
너희의 하나님 여호와이니라

— 레위기 19:36

레위기 구절에서 하나님은 우리가 공평하고 정확하게 교환할 것을 요구하십니다. 받은 만큼 주는 거래입니다. 하나님은 교환 당사자 모두에게 이익이 되는 거래를 기뻐하십니다.

법정화폐는 공짜를 바라는 분위기를 만듭니다. 법정화폐가 부를 창출하는 돈이 아니라 부를 재분배하는 돈이기 때문입니다. 이 때문에 사람들은 거래윤리에 무감각해지고 "어떻게든 돈만 벌면 되는" 사고방식을 가지게 됩니다.

이런 환경에서 타인을 잘 믿는 사람은 어리석은 사람으로 여겨지며 쉽게 남에게 이용당하곤 합니다. 법정화폐 제도에서 사람들은 더 이상 거래윤리에 신경 쓰지 않고 이득을 보는 데에만 집중합니다. 이러한 불균형은 불신의 씨앗을 뿌려 사회의 기반을 부패시킵니다.

"그저 비즈니스일 뿐."

사회 기반의 부패가 가장 잘 드러나는 말입니다. 이 말은 온갖 불의한 행동을 정당화하는 데 쓰입니다. 사람들은 그저 이익을 위해 윤리적 경계를 쉽게 넘어갔으며 결국 윤리의 기준선조차 알아보지 못하게 되었습니다. 슬프지만, 이런 일은 그리스도인 사이에서도 볼 수 있습니다.

마음이 굽은 자는 복을 얻지 못하고
혀가 패역한 자는 재앙에 빠지느니라
— 잠언 17:20

부정직한 돈은 서로에게 도움이 되는 거래 대신 자신의 이득만 노리는 거래를 하도록 만듭니다. 악한 돈은 다른 사람을 벗겨 먹도록 부추깁니다. 우리는 돈 문제에서는 이런 행동이 당연하다고 생각하며 자신을 정당화합니다. 현대 화폐 제도에 대한 이해가 부족한 까닭에 우리는 돈의 노예가 되었습니다.

대마불사Too Big to Fail

사람이 만일 온 천하를 얻고도

자기 목숨을 잃으면 무엇이 유익하리오

— 마가복음 8:36

인플레이션 화폐는 무절제한 소비를 조장합니다. 하지만 더 이상 쓸 돈이 없으면 어떻게 될까요? 현행 화폐 제도는 더 많은 빚으로 이를 해결합니다. 사회의 모든 영역에 빚이 있습니다. 소비자는 신용카드로 빚을 내고, 기업은 자본을 조달하기 위해 회사채로 빚을 냅니다. 대형 헤지펀드는 복잡한 부채 상품을 개발합니다.

지난 몇 번의 금융위기에서 보았듯 현행 화폐 제도는 정치인들이 주장하는 것처럼 그렇게 튼튼하지 않습니다. 많은 은행과 기업, 개인들이 과도한 빚을 지고 있으며 이들 중 일부는 대마불사 즉, "너무 커서 망할 수 없다"고 여겨집니다. 이런 기업들은 경영상 상당히 큰 위험을 감수합니다. 어차피 도박에 실패하면 정부가 구제해주기 때문입니다.

이는 기업의 위험을 평가하고 투자하는 일반 시장 참여

자들을 엄청나게 헷갈리게 합니다. 게다가 이런 기업들은 구제금융으로 인해 도덕적 해이에 빠집니다. 가격에 둔감해져 비효율적으로 경영하게 되고, 기업의 덩치는 비대해집니다. 간단히 말해, 이런 기업들은 자신들이 얼마나 많은 돈을 쓰는지, 얼마나 빚이 많은지 신경 쓰지 않습니다. 결국 정부가 자신들을 구제해줄 것이라 확신하기 때문입니다. 이것이 우리가 처한 현실입니다.

구제금융을 받은 회사는 경쟁 회사에 비해 확실한 우위를 가집니다. 구제금융은 부실기업을 살려주지만, 동일한 구제를 받지 못하는 경쟁 회사, 특히 중소기업은 손해를 입습니다. 이런 시스템은 자유시장 자본주의가 아니라 기업중심주의corporatism입니다. 특혜 기업은 이득은 자기가 가지고, 손실은 대중에게 떠넘깁니다.

무절제한 위험 감수

너는 아침에 씨를 뿌리고 저녁에도 손을 놓지 말라

이것이 잘 될는지, 저것이 잘 될는지, 혹 둘이 다 잘 될는지

알지 못함이니라

— 전도서 11:6

달란트의 비유에서 주인은 세 명의 종에게 각자 능력에 맞는 돈을 줬습니다. 처음 두 종은 그 돈을 투자하여 결과를 만들어냈습니다. 세 번째 종은 돈을 땅에 묻었다가 그 돈을 그대로 주인에게 돌려줬습니다. 이 종은 위험을 전혀 감수하지 않았고 보상도 얻지 못했습니다. 돈을 땅에 묻는 것은 주인이 직접 할 수 있는 일이었기 때문에 주인은 종의 행동이 마음에 들지 않았습니다. 세 번째 종은 아무런 행동을 하지 않아 주인을 실망시켰습니다. 이 이야기는 현명한 청지기 정신이 하나님께서 우리에게 주신 책무 중 하나라는 사실을 분명히 보여줍니다.

이와 달리, 기업이 받는 구제금융이라는 특권은 노력해서 받은 것도, 그럴 자격이 있어서 받은 것도 아닙니다. 법정

화폐 제도의 대출 이자는 진짜 저축에서 빌릴 때의 대출 이자보다 훨씬 낮습니다. 무에서 창조하여 아무 비용도 들지 않는 대출이기 때문입니다. 이에 따라 일부 거대 기업은 더 많은 위험을 감수하기 위해 더 많이 빚지는 "게임"을 계속합니다. 그 결과 이들 기업은 2008년 금융위기나 2020년 코로나19 사태 같은 예측되지 않은 사건에 더 취약해졌습니다.

구제금융은 무분별한 위험 감수 행동을 조장합니다. 구제금융을 받는 기업은 자원을 신중하게 활용하는 대신 자신들의 잘못을 가리기 위해 그 돈을 씁니다. 이들은 실패한 일에 계속해서 돈을 낭비합니다.

지대추구 행동의 증가

우리가 들은즉 너희 가운데 게으르게 행하여
도무지 일하지 아니하고 일을 만들기만 하는 자들이 있다 하니
이런 자들에게 우리가 명하고 주 예수 그리스도 안에서 권하기를
조용히 일하여 자기 양식을 먹으라 하노라
— 데살로니가후서 3:11~12

지대추구란 중간업자가 실질적인 가치 창출 없이 이득을 가져가는 행위입니다. 일은 가치를 더하지만 지대추구는 가치를 뺍니다. 사회에 별 기여를 하지 않는 정부 관료를 생각해보세요. 지대추구 행위는 데살로니가후서의 구절이 보여주듯 예전에도 있었습니다. 이 구절은 지대추구를 하며 여기저기 참견하기 좋아하는 사람에게 조용히 일하여 가치를 만들어내라고 요구합니다.

정부와 관료조직은 법정화폐 덕에 덩치가 커졌습니다. 이에 따라 지대추구 행위가 만연할 여지도 커졌습니다. 중앙은행의 존재는 특정 직업 또는 특정 산업 분야의 위험 대비 수익 구조를 왜곡시킵니다. 악한 화폐 제도에서는 일에 대한 보상이 더 이상 공동체에 이바지한 가치만으로 결정되지 않습니다. 일에 대한 보상은 그 직업과 산업이 얼마나 "화폐인쇄기"와 가까이 있는지에도 크게 좌우됩니다.

법정화폐 제도는 경제 전 영역에 걸쳐 많은 지대추구 기회를 양산합니다. 예를 들어 대학 행정직원과 교수의 비율은 1971년 이래 폭발적으로 증가했는데, 이는 학자금대출 및 추가된 규제 때문입니다. 이들 직업은 시장에 가치를 더하기보다는 정부의 요구에 대응하기 위해 존재하고 있습니다.

이러한 유형의 일은 전체 경제에 해로울 뿐 아니라 이런 일을 하는 개인에게도 해롭습니다. 의미 없는 일은 영적으로 큰 고통을 줍니다. 의미 있는 일은 공동체에 가치를 더하고 영혼을 만족시킵니다.

공동체보다 중시되는 상업

우리가 이것을 씀은 우리의 기쁨이 충만하게 하려 함이라

— 요한일서 1:4

돈에 대한 집착이 커지면서 사람들은 공동체적 관계보다 상업적 관계에 의지하게 되었습니다. 우리가 예전 세대만큼 이웃에 대해 모르는 것은 우연이 아닙니다. 아이러니하게도 이런 현상은 도시와 같이 인구 밀도가 높은 곳에서 더 그렇습니다. 우리는 사회적 존재이지만 돈 때문에 서로를 그저 이방인으로 만들었습니다.

돈은 우리의 공동체뿐 아니라 개인 간의 관계 그리고 하나님과의 관계까지 영향을 미쳤습니다. 우리는 이웃을 사랑하지 않고는 하나님을 참으로 예배할 수 없습니다. 공동체

를 묶어주는 것은 서로를 향한 의무감과 책임감입니다. 따라서 우리가 돈을 숭배할 때 공동체가 망가지는 것은 놀랄 일이 아닙니다.

악한 화폐 제도에서는 주로 정부가 노인과 취약계층, 소외계층을 돌봅니다. 이에 따라 개인의 도덕적 의무감이 사라지고 자선활동도 사라집니다. 우리는 우리가 세금만 잘 내면 정부가 "고아와 과부"를 돌볼 것으로 생각합니다. 법정화폐 제도 때문에 우리는 그렇게 느끼게 되었습니다.

사람들은 직접 도덕적 행동을 하는 대신 도덕적으로 보이는 정책에 투표하는 것으로 자신의 역할을 다했다고 생각하게 되었습니다. 이는 결국 이웃을 돌볼 필요가 없다고 말하는 것과 같습니다. 자선이 아닌 도둑질에 기반한 이런 정부 정책이 제대로 된 효과를 내지 못하는 것은 놀랍지도 않습니다.

법정화폐 제도에서 정부는 거의 모든 문제를 새로운 정부 정책으로 "해결"할 수 있다고 주장합니다. 물론 이 정부 정책은 부채로 충당됩니다. 3장에서 말씀드렸듯 돈을 찍어낸다고 없던 자원이 생기는 것은 아닙니다. 법정화폐 제도에서 화폐 공급을 팽창시키는 것은 국민의 재산을 도둑질하는 것과 같습니다. 따라서 한 집단의 문제를 해결하면 다른 집단에서 문제가 생깁니다. 다시 말해 정부 정책은 자선활동이 아니라 절도 행위입니다. 인플레이션을 통한 자산 재분배는 자발적인 것이 아니며 한쪽을 해치면서 다른 쪽을 도와줍니다.

심은 대로 거두는 법칙을 다시 한번 생각해봅시다. 우리의 시간과 노력을 우리 이웃에게 쓰지 않으면 평화롭고 서로 돕는 공동체를 기대할 수 없습니다. 법정화폐 제도 안에서 우리는 우리 이웃을 싸워 이겨야 하는 적으로 간주하도록 강요받습니다.

우리가 서로에게 관심을 두지 않고 돈에만 관심을 뒀기 때문에 이런 문제는 사회 전체에 나쁜 영향을 미쳤습니다. 공동체의 구성원이 너무 자주 바뀌어 이웃에 대해 알기 어려워졌고, 결국 시도조차 하지 않습니다. 내년에 이사 갈 사람의 이름을 알아서 뭐하겠습니까?

공짜로 얻은 것

지난 100년에 걸친 법정화폐의 실패에도 불구하고 정치인들과 일반 대중 모두 이 현실을 인정하려 하지 않습니다. 우리의 암울한 경제 현실을 직시하지 않으려는 태도는 금융위기 때에 나온 "대마불사" 같은 주장만 보더라도 알 수 있습니다.

현재 우리 화폐 제도는 부채에 기반한 시스템이며 새로운 부채를 만들어 새로운 돈을 창조하게 돼 있습니다. 국채를 발행하여 큰 빚을 내는 정부에서 신용카드나 마이너스 통장 등을 통해 적은 빚을 내는 소비자까지 사회의 모든 수준에서 부채가 활용됩니다. 그 사이 어딘가에 주택담보대출, 자동차 대출, 학자금대출, 회사채 등이 있습니다.

정직한 화폐 제도에서 모든 빚은 누군가가 저축한 돈입니다. 따라서 돈은 누군가의 진짜 저축이며 저축한 사람은 돈을 빌려주고 특정 사업의 이익을 나눠 받고자 합니다. 우리 화폐 제도에서 거의 모든 빚은 이제 갓 찍혀 나온 돈이며 아무것도 없는 허공에서 나온 돈입니다. 정직한 화폐 제도에서는 저축이 항상 부채보다 많습니다. 우리 화폐 제도는 그렇지 않습니다.

열심히 일한 사람의 돈을 빌리는 것과 허공에서 간단히 찍어낸 돈을 빌리는 것을 비교해보세요. 찍어낸 돈을 빌리는 것은 아마 노골적인 지대추구 행위의 대표적인 사례일 것입니다.

주택을 담보로 30년간 3%의 이자로 몇십만 달러를 빌려줄 사람이 몇 명이나 될까요? 거의 없을 것입니다. 일단 그런 목돈이 있는 사람이 드물고, 있다 하더라도 3% 이상의 수익을 원할 것이며, 아마 30년을 기다리려고 하지도 않을 것입니다. 자신이 힘들게 벌어 저축한 돈을 이 정도 금리로 빌려줄 사람은 거의, 아니 전혀 없을 것입니다.

은행은 항상 이런 식으로 일합니다. 아무것도 희생하지 않기 때문입니다. 은행은 돈을 허공에서 만들어낸 다음 이 돈을 빌려줘서 이자를 법니다. 은행, 빚을 낸 사람, 집을 판 사람이 이득을 보는 대신 공동체의 나머지 사람들이 대가를 치릅니다. 돈이 창조되면서 공동체의 저축이 희석되기 때문입니다. 집을 사는 사람은 자유경쟁 시장과 비교했을 때 매우 싸게 돈을 빌립니다. 즉 훨씬 비싼 집을 살 수 있습니다. 특히 대출 기간이 길면 더욱 그렇습니다. 그 결과 주택 가격이 상승하며 이는 3장에서 이야기했던 자산 인플레이션의 한 형태입니다.

정직한 화폐 제도에서 우리는 저축한 돈으로 자산을 구매하므로, 자산 가격이 지나치게 오르지 않습니다. 더 많은 사람이 장기적인 위험을 감수하지 않고도 집을 구매할 수 있을 것입니다. 그러나 법정화폐 제도에서 미국의 평균 주택가격은 2년 치 연봉에서 6년 치 연봉으로 올랐습니다. 1980년대에는 20시간을 일하면 S&P500 지수 주식 하나를 살 수 있었지만 2020년에는 126시간을 일해야 살 수 있습니다.

현대판 빚의 노예

피차 사랑의 빚 외에는 아무에게든지 아무 빚도 지지 말라
남을 사랑하는 자는 율법을 다 이루었느니라
— 로마서 13:8

빚을 낸 사람이 아무 대가 없이 이득만 보는 것은 아닙니다. 언젠가는 빚을 다 갚아야 하며 이자도 내야 합니다. 빚을 낸 사람은 상환 의무에 속박된 것이고 빚 자체가 노예화의 한 가지 형태입니다.

사회 전체가 빚에 너무 빠져 있어 빚을 내지 않으면 이상한 사람이 될 지경입니다. 하지만 아직 많은 사람이 빚을 좋지 않은 것으로 여기고 있고, 많은 가정에서 빚은 스트레스의 근원입니다. 사람들은 빚 때문에 일하고, 빚 때문에 자신이 좋아하거나 잘하는 분야가 아닌 돈을 많이 주는 곳에서 일합니다. 빚을 빨리 갚는 것이 중요해져 직업에 대한 윤리적 고민도 거의 하지 않습니다. 우리는 빚의 노예가 되었고 거의 모든 결정이 돈에 의해 좌우되기에 이르렀습니다.

빚은 우리의 인간관계에도 나쁜 영향을 미칩니다. 빚을 갚느라 주변 사람에게 시간과 자원을 충분히 쏟지 못합니다. 빚이 점점 더 우리 삶을 지배하게 됩니다. 가족과 공동체, 그리고 하나님께 헌신해야 할 시간을 빚에 빼앗깁니다.

인간성을 상실한 노동

또 무엇을 하든지 말에나 일에나 다 주 예수의 이름으로 하고

그를 힘입어 하나님 아버지께 감사하라

— 골로새서 3:17

거대 기업과 정부가 수천 명을 고용하고 광범위하게 경제를 통제하는 현상은 법정화폐 때문에 더욱 악화됐습니다. 기업들은 캉티용 효과 덕에 엄청나게 성장할 수 있었습니다. 예를 들어 초국적 기업집단은 평균적인 중소기업이 접근할 수 없는 초저금리 대출을 받을 수 있습니다. 이들 기업은 값싼 자본 조달이 없었다면 불가능했을 수준까지 커집니다. 즉 기업과 정부는 경쟁적인 자유시장에서 가능했던 수준보다 훨씬 커지게 됩니다.

기업과 정부는 덩치가 클수록 책임을 쉽게 회피할 수 있습니다. 또한 공익을 위해 기업을 규제해야 할 기관들이 오히려 공익을 희생시켜 기업에 혜택을 주는 규제 포획 같은 문제가 발생합니다. 예를 들어 미국 식품의약국Food and Drug Administration, FDA은 식품 생산의 안전을 책임지는 기관이지

만 오히려 각종 비리를 묵인하고 있습니다. 기업들이 로비를 통해 법안을 만들고, 퇴직한 규제 담당자를 고액의 연봉으로 채용해 가기 때문입니다.

기업들이 규제 기관을 포획하고 부채를 값싸게 조달하며 대규모 생산을 하게 되면서 조직의 크기가 엄청나게 커졌습니다. 기업의 크기가 커짐에 따라 일터는 인간성을 상실하게 되었고 직원들은 더 이상 마주 보는 얼굴이 아니라, 엑셀 상의 숫자로 서로를 인식하게 되었습니다.

이런 상황은 우리의 영혼을 잠식합니다. 특히 월급으로 겨우 빚이나 갚으며 사는 사람에게 더 치명적입니다. 사람들은 빚의 노예가 되고, 인생에서 가장 생산적인 시간을 남의 자산이나 불려주는 데 씁니다. 이에 따라 우리는 일에 대해 비뚤어지고 오염된 시각을 갖게 됩니다.

우리는 빚을 갚기 위해 미래를 희생하지만 그렇다고 "천하를 얻는" 것도 아닙니다. 모두가 빚에 허덕이고 있는 상황에서 우리는 한 번의 위기만으로 완전히 무너질 수 있습니다. 이런 취약성을 고려해볼 때, 오늘날 우리 사회에서 불안과 우울, 그리고 자살이 기록적인 수준에 이른 것은 이상한 일이 아닙니다.

물질주의

죽은 자가 다시 살아나지 못한다면 내일 죽을 터이니

먹고 마시자 하리라

— 고린도전서 15:32

저축의 반대는 소비입니다. 인플레이션 경제는 소비를 과도하게 조장하는 경제입니다. 돈의 구매력과 가치가 시간이 갈수록 떨어지기 때문입니다. 즉 인플레이션 화폐는 거대한 의자 뺏기 게임과 같습니다. 음악이 멈췄을 때 돈을 아직 들고 있는 사람이 지는 게임입니다.

오늘날 우리가 말하는 물질주의는 사실상 현재를 위해 미래를 희생하는 태도입니다. 경제학자들은 이를 높은 시간선호high time preference라고 부릅니다. 어떤 의미에서, 법정화폐 제도 안의 사람들은 현재를 위해 미래를 희생하려고 합니다. 신중한 태도, 즉 낮은 시간선호low time preference는 이미 우리 안에서 사라졌고, 이는 사회 전체에 큰 영향을 미칩니다.

미국의 경우 80% 이상의 사람이 근근이 월급으로 살고 있습니다.[*] 미래를 계획하지 않는 공동체는 혼란에 빠지지만 미래를 계획하는 공동체는 번영합니다. 악한 화폐는 미래를 계획하지 않게 만듭니다. 악한 화폐는 가치 측정을 어렵게 만들어 장기적인 투자를 방해합니다. 인플레이션 때문에 저축의 가치가 하락하며, 다른 선택지인 투자는 그 자체로 별도의 직업이 될 만큼 많은 시간과 노력이 필요합니다. 이런 상황에서는 내일을 생각하지 않고 먹고 마시며 즐기는 것이 더 합리적으로 보일 수 있습니다. 특히 투자에 소질이 없는 사람일수록 더 그럴 것입니다.

악한 돈은 내일에 대한 희망을 빼앗습니다. 내일을 예측하기가 점점 더 힘들어지고 저축하는 의미도 없어집니다. 바울은 부활에 대한 희망이 기독교의 필수적인 부분임을 가르쳤습니다. 미래에 대한 희망이 있기에 우리는 세상적 쾌락에 빠지지 않고 미래를 계획하며 미래를 위해 열심히 노력합니다.

선한 돈은 우리가 미래를 위해 계획을 세우고 저축하도록 합니다. 그리고 더 나은 내일을 꿈꿀 수 있게 합니다.

---

[*]   Zach Friedman, 78% of Workers Live Paycheck to Paycheck
      https://www.forbes.com/sites/zackfriedman/2019/01/11/live-
      paycheck-to-paycheck-government-shutdown (지은이)

상품의 품질 저하

네 은은 찌꺼기가 되었고 네 포도주에는 물이 섞였도다

― 이사야 1:22

이사야는 가치 저하에 대해 이야기하고 있습니다. 은에는 이물질이 섞이고 포도주는 희석되었습니다. 이 두 가지는 긴밀히 연결돼 있습니다. 시간이 지나면서 돈의 가치가 떨어지고, 시장에 나온 제품의 가치도 떨어졌습니다. 앞에서 이야기했듯 법정화폐 제도의 소비자들은 물질주의적, 즉 높은 시간선호 행동을 하는 경향이 있습니다. 가격 인플레이션 때문에 나중보다는 지금 당장 상품을 사려고 합니다.

또한 제품의 장기적 가치에 별로 신경 쓰지 않기 때문에 품질이 낮은 제품도 괜찮다고 생각합니다. 이는 기업이 충족해야 할 품질 기준이 낮아지는 것을 의미합니다. 자연스럽게 기업들은 더 많은 이익을 내기 위해 제품의 품질을 떨어뜨립니다.

물가가 올라 기업이 받을 돈의 가치가 떨어져도 기업들은 제품 가격을 유지하려는 생각이 강합니다. 왜냐하면 소비자들이 가격 상승을 싫어하기 때문입니다. 이런 현상을 경제학자들은 경직적 물가sticky prices라고 부릅니다. 물가상승으로 판매 원가가 올라가므로 기업들은 이를 상쇄하기 위해 제품의 품질을 떨어뜨립니다. 보통 품질 저하가 천천히 일어나기 때문에 소비자들은 이를 알아채기 어렵습니다. 예를 들어 스니커즈 초코바의 용량은 2012년 58그램에서 2020년 45그램으로 줄었지만 가격은 그대로 유지되었습니다.

물가상승에 대응하는 또 다른 방법은 대량 생산을 통해 규모의 경제를 달성하는 것입니다. 이는 현대 화폐 제도하에서 거대 기업이 많은 이유 중 하나입니다. 인플레이션을 이기기 위해서는 대량 생산을 해야 하므로 품질에 집중하는 중소기업들이 경쟁에서 밀려나는 경우가 많습니다.

마지막으로, 기업들은 저렴한 부품을 사용하고 생산비용을 줄이며 공급망을 최적화하여 원가를 낮춥니다. 이런 최적화 작업이 제품의 품질을 항상 떨어뜨리지는 않지만 생산자는 소비자가 알아차리지 못하는 부분에서 비용을 절감하려는 시험에 빠집니다. 예를 들어 양계농가는 닭에게 주는 먹이를 값싼 것으로 바꿀 수 있습니다. 달걀 모양은 그대로지만 영양가는 떨어질 수 있습니다. 이런 시험을 견디기는 쉽지 않으며 결과적으로 낮은 품질의 제품이 만들어집니다.

화폐의 가치가 하락하면 상품의 가치도 하락합니다. 상품의 가치가 하락하면 문명도 쇠락합니다. 우리 통화 제도의 원죄가 돈을 타락시키고, 결국 우리 공동체를 사망에 이르게 합니다.

결론

우리는 악한 돈 때문에 영적으로 침체되었습니다. 현재 우리의 통화 제도는 구조적인 죄들로 가득 차 있습니다. 양질의 상품, 유대감이 강한 공동체, 근면한 노동 대신 부정직함, 지대추구, 비인간화된 노동을 조장합니다. 악한 돈 때문에 우리의 일과 인생의 목적, 인간관계, 공동체가 모두 타락하였습니다.

불행히도 교회 또한 악한 돈 때문에 타락하였으며 이것이 다음 장의 주제입니다.

Chapter 7

악한 돈은
어떻게 교회를 타락시켰나

THANK GOD
for
BITCOIN

너희가 순종하는 자식처럼 전에 알지 못할 때에 따르던
너희 사욕을 본받지 말고 오직 너희를 부르신 거룩한 이처럼
너희도 모든 행실에 거룩한 자가 되라

— 베드로전서 1:14~15

현대사회는 욕망이 지배하는 사회입니다. 돈에 대한 사랑이 그리스도인을 포함한 많은 사람의 마음을 사로잡고 있습니다. 사람들은 돈에 사로잡혀 거짓말하고, 훔치고, 배신하고, 남을 괴롭힙니다. 돈 때문에 어쩔 수 없었다고 변명합니다. 돈이 자기 삶을 좌우하도록 내버려 둡니다. 불행히도, 악한 돈은 사람을 망가뜨리고 교회 또한 망가뜨립니다.

교회도 사람이 모인 곳이므로 딱히 놀랄 일은 아닙니다. 사람들이 돈에 집착한다면 그 태도는 교회에 스며들어 오늘날 교회가 운영되는 방식에 영향을 미칠 수밖에 없습니다. 재정적 측면에서 교회가 하지 말아야 일은 무엇일까요? 교회가 타락한 돈의 시험에 빠지지 않게 하려면 어떻게 해

야 할까요?

이번 장에서는 악한 화폐 제도가 교회에 미치는 다양한 영향을 살펴봅니다. 그리고 교회가 어떻게 이에 맞설지 알아보겠습니다.

마르틴 루터가 내린 결단의 순간

어찌하여 형제의 눈 속에 있는 티는 보고
네 눈 속에 있는 들보는 깨닫지 못하느냐

— 마태복음 7:3

교회라고 돈 문제에서 예외일 수 없습니다. 돈이 많으면 더 많은 사역을 감당할 수 있다고 생각할 수 있습니다. 하나님의 일을 하고자 하는 열망은 선한 것이지만 이를 구실로 돈에 욕심을 내서는 안 됩니다.

여기에 딱 맞는 예시는 로마 가톨릭교회가 죄사함을 돈벌이로 사용하기 시작했던 일입니다. 로마 가톨릭교회에는 참회를 통해 죄의 형벌을 감경받는 관행이 있었습니다. 이 관행은 12세기에 시작하여 16세기에 정점을 찍었습니다. 헌금을 많이 하면 면죄부를 살 수 있었고, 면죄부에는 구매자가 이름을 쓸 수 있는 빈칸이 있었습니다.

면죄부는 속죄를 도와주기 위해 시작되었지만 결국 가톨릭교회를 배 불리는 데 이용되었습니다. 특히 요한 테첼 Johann Tetzel 수사는 면죄부를 남용하여 살아 있는 신자를 위한 면죄부뿐만 아니라 죽은 친척을 위한 면죄부도 판매하였습니다. 테첼 수사는 "동전이 돈궤에서 딸랑 소리를 낼 때, 연옥에서 영혼들이 뛰어오른다"라는 말을 한 것으로 유명합니다. 테첼의 탐욕은 마르틴 루터, 즉 종교개혁의 시발점이 된 한 가톨릭 신자를 결단하게 했습니다.

교회는 재정적 이익을 위해 불의한 행동을 합리화했습니다. 우리는 이 시기의 교회를 경멸하듯 바라봅니다.

"어떻게 신부에게 돈을 내면 죄를 용서받는다고 생각할 수 있지?"라고 물어볼 수 있습니다. 면죄부를 전형적인 전근대적 사고방식으로 치부할지도 모릅니다.

그러나, 이런 자기 의self-righteous로 내린 결론은 오늘날 교회의 눈 속에 있는 들보를 보지 못하고 있습니다.

오늘날 교회가 그때와 아주 다를까요?

빚에 짓눌린 교회

너희가 받기를 바라고 사람들에게 꾸어 주면

청찬 받을 것이 무엇이냐 죄인들도 그만큼 받고자 하여

죄인에게 꾸어 주느니라 오직 너희는 원수를 사랑하고 선대하며

아무것도 바라지 말고 꾸어 주라 그리하면 너희 상이 클 것이요

또 지극히 높으신 이의 아들이 되리니 그는 은혜를 모르는 자와

악한 자에게도 인자하시니라

— 누가복음 6:34~35

성경은 때로 해석하기 어려울 수 있습니다. 모든 시대와 모든 장소에서 보편적인 결론을 내는 말씀을 찾기는 매우 어렵습니다. 하지만 빚을 바라보는 성경의 관점은 그 몇 안 되는 영역 중 하나입니다. 구약과 신약은 일관되게 빚을 부정적으로 묘사합니다. 빚은 사람을 노예로 만들고(잠언 22:7), 위험에 빠뜨립니다(잠언 22:26~27).

하나님은 성경 전체를 통해 자기 백성이 열심히 일하기를, 또 그 얻은 열매를 후히 나누기를 원하신다고 거듭 말씀하셨습니다(시편 37:21). 하지만 빚은 후히 나누는 것을 방해

합니다. 또 하나님은 자기 백성의 필요를 채워주신다고 약속하셨습니다(신명기 15:6). 하지만 빚은 필요가 채워지지 않았다는 선언입니다. 하나님은 백성들 사이의 채무를 허용하는 몇 안 되는 구절에서도 채무 기간을 엄격히 제한하셨습니다(레위기 23:1~15, 신명기 15:1).

아마 성경에서 빚에 대해 하신 말씀 중 가장 중요한 것은 그리스도의 대속에 대한 비유라고 할 수 있습니다. 하나님은 잡힌 자를 해방하시는 분, 빚을 탕감해주시는 분으로 자신을 거듭 드러내십니다.

그런데도 많은 교회와 그리스도인들이 빚에 얼마나 익숙해 있는지 보면 놀랄 수밖에 없습니다. 문제의 핵심은 아니지만, 이전 여러 장에서 설명한 것처럼 법정화폐 제도는 이 문제를 더 악화시킵니다.

가장 명백한 결과는 대출이 흔해졌다는 것입니다. 3장에서 다룬 것처럼, 화폐는 끊임없이 팽창하며 은행은 계속해서 돈을 빌려 갈 사람을 찾습니다. 놀랍지 않게도 많은 교회가 빚을 지고 있는데, 이는 거의 크고 아름다운 교회 건물 때문에 생긴 빚입니다.

보통 교회 건물의 담보 대출은 교회의 미래 수입을 기반으로 합니다. 은행은 대출 승인을 위해 일반 기업에 대한 평가와 마찬가지로 교회의 미래 매출을 평가합니다. 즉 미래의 성도들이 현재 건물의 값을 치르는 것입니다.

이런 교회의 행동은 적자 재정을 운영하는 정부의 행태를 모방하는 것입니다. 교회는 하나님께 영혼의 빚을 사해 달라고 하면서 물질의 빚은 지고 있습니다. 교회가 빌린 돈도 다른 대부분의 대출과 같습니다. 즉 은행이 허공에서 만들어낸 돈입니다.

4장에서 이야기했듯 돈을 빌리는 사람과 돈을 빌려주는 은행은 대출의 명백한 수혜자지만 대출 때문에 공동체의 저축이 희석되는 것은 잘 드러나지 않습니다. 부분지급준비 제도에서 모든 새로운 대출은 통화 공급을 늘립니다. 따라서 새로 대출받는 교회는 화폐 공급을 팽창시키고 공동체로부터 가치를 훔칩니다. 교회는 공동체를 도둑질하는 것에 더해 미래의 성도를 빚더미에 앉힙니다. 이것이 의로운 길일까요? 이것이 그리스도가 교회에 원하시는 것일까요? 하나님은 이것을 어떻게 판단하실까요?

돈의 종

부자는 가난한 자를 주관하고 빚진 자는 채주의 종이 되느니라

— 잠언 22:7

빚지는 것은 교회에 실존적 위험을 불러옵니다. 앞서 잠언 구절이 말한 것처럼 빚진 교회는 은행의 종이 됩니다. 교회는 대출이 쉬운 편이기 때문에 많은 교회가 대출이 아니었으면 감당할 수 없었을 건물을 짓습니다. 만약 헌금을 내는 교인들이 떠나서 교회에 재정적 문제가 생기면 교회의 사역이 망가질 수 있습니다.

회계적으로 적자 상태가 되면 교회는 예산을 줄입니다. 이에 따라 사람들은 교회를 떠나게 되고 교회의 예산은 더욱 줄어듭니다. 이런 과정을 통해 많은 교회가 느리고 고통스럽게 죽어갑니다. 따라서 이런 교회들은 헌금을 내는 성도를 최대한 많이 유지하려는 압박을 받습니다. 성도가 떠나는 것이 곧 악순환의 시작이라는 것을 알기 때문입니다.

교회는 다른 수단을 동원해 수입을 만들려 할 수도 있습니다. 예를 들면 교회를 다른 목적으로 빌려주거나 심지

어 건물 일부를 팔 수도 있습니다. 이런 행동을 하는 교회는 교회라기보다 은행을 위해 일하는 부동산 투기꾼에 가깝습니다. 교회가 사역보다 빚을 갚는 데 집중하게 되며, 이는 교회가 채권자의 노예가 되었다는 뜻입니다.

선한 의도로 빚을 냈다 하더라도 의도로는 충분치 않습니다. 빚은 우리를 복음 전파에 도움이 되지 않는 불의한 길로 인도합니다.

교회인가, 사교모임인가

내 마음이 너희의 월삭과 정한 절기를 싫어하나니
그것이 내게 무거운 짐이라 내가 지기에 곤비하였느니라

— 이사야 1:14

이사야의 이 구절은 행위가 옳더라도 마음이 옳지 않으면 하나님이 우리의 제물을 받지 않으실 것임을 보여주고 있습니다. 교회는 재정을 잘 관리하는 중일까요? 그저 종교적인 사교모임은 아닌가요?

기업들을 빚으로 내모는 경제적 압박은 교회에도 적용됩니다. 교회는 헌금을 내는 성도를 놓고 서로 경쟁합니다. 이는 교회가 더 좋은 시설과 더 좋은 프로그램을 갖추기 위해 돈을 써야 한다는 뜻입니다. 더 많은 돈을 쓰는 교회에 더 많은 성도가 모일 가능성이 큽니다. 다르게 말하면, 교회는 헌금을 내는 성도를 많이 유지해야 하므로 "소비자" 중심적이 됩니다. 특히 큰 교회일수록 더 그렇습니다.

이제 교회의 성공을 측정하는 방식이 왜곡됩니다. 성도의 많고 적음과 이에 따른 수입이 중요해집니다. 결과는 충분히 예측할 수 있습니다. 교회는 하나님을 기쁘시게 하는 대신 성도와 은행을 기쁘게 하는 데 집중합니다. 사명 중심적인 공동체가 아닌 사교 중심적 모임이 되기 시작합니다.

예를 들어 교회는 하나님을 영화롭게 하는 일 대신 더 많은 사람을 모으는 일을 위해 예산을 책정합니다. 호화로운 건물이나 고급 가구, 최신 음향 장비, 맛있는 간식 등에 비용을 댑니다. 성도의 수를 늘리는 게 중요해졌기 때문에 많은 교회가 여기에 매달립니다.

목회의 우선순위가 바뀌어 버리고 대중에 영합하는 설교를 하는 목사들이 나타났습니다. 이들은 영적인 선물을 받는 방법이나 외로움 극복하기 등 인기 있는 주제로 설교

합니다. 회개에 관한 내용은 거의 강조되지 않거나 아예 사라집니다.

어떤 면에서 교회는 정치 시스템을 모방합니다. 오늘날 교회의 모습은 정치인들이 많은 돈을 들여 표를 얻으려는 모습과 크게 다르지 않습니다. 인기 있는 것과 진실한 것이 일치할 때도 있지만 대부분의 경우 복음의 진실은 흐려지거나 사라집니다.

세상에 속하는 것

내가 아버지의 말씀을 그들에게 주었사오매
세상이 그들을 미워하였사오니 이는 내가 세상에 속하지
아니함 같이 그들도 세상에 속하지 아니함으로 인함이니이다
내가 비옵는 것은 그들을 세상에서 데려가시기를 위함이
아니요 다만 악에 빠지지 않게 보전하시기를 위함이니이다
내가 세상에 속하지 아니함 같이 그들도 세상에 속하지
아니하였사옵나이다 그들을 진리로 거룩하게 하옵소서
아버지의 말씀은 진리니이다 아버지께서 나를 세상에

보내신 것 같이 나도 그들을 세상에 보내었고

— 요한복음 17:14~18

겟세마네 동산에서 예수님은 닥쳐오는 죽음의 무게와 씨름하셨습니다. 가장 힘든 상황 속에서 예수님은 제자들과 교회의 앞날을 위해 기도하셨습니다. 그리스도인으로서 우리는 세상에 보내심을 받았습니다. 보내심을 받은 우리는 "세상에 속하면" 안 됩니다. 세상의 가치관과 세상의 방법으로 살면 안 된다는 뜻입니다. 우리는 하나님의 관점으로 세상을 바라보아야 하며, 이는 하나님의 방법과 세상의 방법이 거의 일치하지 않는다는 사실을 인정하는 것을 의미합니다.

돈은 교회를 "세상에 속하게" 하는 다양한 방법의 하나입니다. 미국의 교회는 지역 토지이용규제의 적용을 받지 않는 등 여러 세금 혜택을 받습니다. 교회에 하는 기부는 세금이 공제돼 교회 재정에 도움을 줍니다. 2020년에는 종교 단체에 73억 달러(한화 약 10조 원)를 제공한 급여보장프로그램 대출Paycheck Protection Program Loan 같은 정부 정책도 있었습니다.

교회가 받는 이러한 혜택의 대가는 무엇일까요? 가장 명백한 대가는 순응과 복종입니다. 이미 많은 교회가 정부 지원에 의존하고 있으므로 교회는 아무 생각 없이 정부에 협조하고 순응합니다. 교회는 더 이상 감히 정부를 비판하지 않습니다.

이제 가이사Caesar와 하나님 사이에 있던 선이 흐려졌고 국가에 대한 순종과 하나님에 대한 순종이 뒤섞였습니다. 다시 말해 교회가 하나님의 뜻을 행하는 대신 국가의 지시를 따르게 되었고, 여느 단체들과 다를 바 없어졌습니다.

번영 신학

예수께서 제자들에게 이르시되 내가 진실로 너희에게 이르노니

부자는 천국에 들어가기가 어려우니라

― 마태복음 19:23

많은 대형교회 목사 및 TV에 나와 설교하는 목사들이 횡령으로 잡혀들어가는 것을 보면 물질적 부유함에 대한 유혹이 참으로 강력하다는 것을 알 수 있습니다. "목사 횡령"으로 검색해보면 창피한 사례가 많이 나옵니다. 예를 들어, 지

190

미 스와가트 목사*는 사역 중에 1억 5,000만 달러(한화 약 2,175억 원)를 유용했습니다. 몇천 달러에서 몇백만 달러에 이르는 횡령은 자주 나타나며 주로 사치스러운 자동차 같은 개인적 지출의 사례가 많습니다.

이런 행동이 불의하다는 것은 명백합니다. 하지만 돈에 대한 사랑이 복음에 미치는 간접적인 영향도 간과할 수 없습니다. 바로 번영 신학으로 알려진 교회 운동입니다.

소위 말하는 번영 신학은, 성도에게 충분한 믿음이 있으면 물질적, 육체적 축복이 내려온다는 교리입니다. 문제는 그 충분한 믿음이 교회를 재정적으로 지원함으로써 나타난다고 말하는 것입니다. 번영 신학을 믿는 성도는 자신들의 재정적 어려움이나 건강 문제에 초점을 맞추고, 헌금을 통해 믿음의 "씨앗"을 심습니다.

"주라 그리하면 너희에게 줄 것이니 (…) 누르고 흔들어 넘치도록 하여"라고 말씀하시는 누가복음 6:38은 번영 신학에서 영적 성장이 아닌 물질적 축복으로 해석됩니다. 번영 신학은 하나님을 섬기는 것처럼 위장하면서 실제로는 돈

---

*   Jimmy Swaggart(1935~). 1970~1980년대의 유명 TV 설교자. 성추문으로 몰락했다.

을 섬기므로, 돈에 집착하는 오늘날의 세상에서 특히 매력 적입니다. 분별 있는 그리스도인이라면 번영 신학이 말씀을 왜곡한 것임을 쉽게 알아차릴 수 있습니다.

번영 신학의 가장 큰 문제는 신앙을 거래의 대상으로 삼은 것입니다. 목사들은 복음을 전하기보다 다단계 판매 영업처럼 들리는 설교로 성도들을 꾀어 헌금을 내게 합니다. 중세의 면죄부가 다시 등장한 것입니다. 다만 죄사함을 파는 것이 아닌 물질적 부를 팔고 있습니다.

번영 신학과 정반대인 교리가 구소련 같은 곳에서 발견됩니다. 여기서는 극도의 가난이 구원의 약속으로 변합니다. 거의 빈털터리인 사람들이 자신과 가족을 망가뜨리면서 헌금을 하고, 이에 따라 부패한 교회는 부유해집니다. 이것은 공산주의가 인간의 행동을 왜곡시킨 결과입니다.

두 시스템 모두 돈에 과도하게 집착했습니다. 물질만능주의 사회는 돈을 구원의 징표로 여겼습니다. 대조적으로 공산주의 러시아에서는 돈이 악마화되었습니다. 가난한 사람이 더 가난해지면서 구원을 약속받았습니다. 이 두 가지는 동전의 양면과 같습니다. 교회는 이러한 왜곡된 가르침을 인식하고 비판해야 합니다.

돈에 대한 사랑

돈을 사랑함이 일만 악의 뿌리가 되나니 이것을 탐내는 자들은
미혹을 받아 믿음에서 떠나 많은 근심으로써 자기를 찔렀도다

— 디모데전서 6:10

성경에는 돈에 대한 구절이 2천 개가 넘습니다. 돈 자체가 정죄된 적은 없지만, 돈을 사랑하는 것은 정죄 받았습니다. 우리의 돈에 대한 사랑은 돈의 종류와 상관없습니다. 하지만 사회 구조 자체가 돈을 더 사랑하고, 돈을 더 가지고 싶고, 돈을 더 쓰도록 짜여 있으면 돈에 대한 사랑은 더 커집니다.

모든 걸 나눠 가지는 사회나 정부에 공짜를 바라는 사회에서 개인의 인격은 더 쉽게 타락합니다. 우리 사회가 계속 거대 기업과 정부 기관의 도둑질을 방관한다면, 우리 사회의 도덕성은 무너질 것입니다. 모두가 서로를 속이는 사회에서 정직하기는 쉽지 않습니다.

교회가 부채 기반 화폐 시스템의 부도덕함을 인식하지 못한다면, 결국 그 시스템에 참여하게 될 것입니다. 우리는 인식하지 못하는 것을 극복할 수 없습니다. 사람들은 법정화폐와 부채 기반 금융구조가 부도덕하다는 점을 인식하지 못할 뿐 아니라, 이를 심각하게 고려하지도, 비난하지도 않습니다. 믿는 자들 가운데 돈에 대한 집착과 사랑이 활개 친다면 교회는 불의한 수확을 하게 될 것입니다.

앞 장에서 살펴본 것처럼, 돈의 타락과 도덕의 타락은 서로 연관되어 있습니다. 우리가 경화hard money 시스템으로 돌아간다면, 세상이 부패를 극복하고 복음의 기쁜 소식을 들을 수 있게 교회가 도울 수 있습니다.

부도덕한 돈에 대한 정죄

너희는 세상의 소금이니 소금이 만일 그 맛을 잃으면
무엇으로 짜게 하리요 후에는 아무 쓸데 없어
다만 밖에 버려져 사람에게 밟힐 뿐이니라

— 마태복음 5:13

하나님은 교회를 세상에 빛과 소금으로 보내셨습니다. 왜 이 두 가지 비유를 사용하셨을까요?

고대에는 주로 소금을 사용해 고기를 저장했습니다. 소금은 고기의 표면 전체에 단단한 보호층을 만듭니다. 그래서 소금이 없었으면 금방 상했을 고기를 몇 주, 심지어 몇 달 동안 먹을 수 있도록 보존해 줍니다.

빛은 어떤 역할을 할까요? 빛은 정보를 제공합니다. 빛은 주변을 비추고 사물을 드러나게 합니다.

교회가 세상이 돌아가는 모습을 비난하는 것이 너무 과하다고 생각할지 모르지만, 예수님이 바로 그렇게 하셨습니다. 예수님의 사역은 세상에서 가장 강력하고 널리 알려진 서사입니다. 세속의 도덕과 법률, 시간 체계 안에도 성경의 언어가 깊이 스며들어 있습니다. 우리가 돈의 도덕적 기초를 개선하려면 아무리 급진적이라 하더라도 하나님을 바라봐야 합니다.

예수님을 믿는다는 것은 예수님을 신실하게 따른다는 뜻이며 쉬운 길이 아닙니다. 예를 들어 산상수훈대로 사는 것은 어려운 일입니다. 헌신과 겸손을 의식적으로 실천하는 것은 일주일에 한 번 45분짜리 설교를 듣는 것보다 훨씬 큰 노력이 필요합니다. 기복적 신앙transactional belief으로는 성령의 열매를 얻을 수 없습니다. 예수님은 스스로 본을 보이시며 우리를 하나님께로 인도하십니다. 우리는 예수님의 제자로서 사랑, 희락, 화평, 오래 참음, 자비, 양선, 충성, 온유, 절제의 열매를 맺게 됩니다.

구원의 증거는 중앙 기관에서 발행한 종잇조각이 아니라 맺은 열매로 알 수 있습니다. 예수님은 "그들의 열매로 그들을 알 수 있고" 또 "좋은 나무마다 아름다운 열매를 맺고 못된 나무가 나쁜 열매를 맺나니"라고 말씀하셨습니다.

교회는 교회 안의 악한 돈이 썩은 열매를 맺고 있다는 사실을 깨달아야 합니다. 그리고 교회의 기회도 여기에 있습니다. 이를 위해 교회는 겸손히 회개해야 하며 의로운 일을 행해야 합니다. 그저 신학적 논쟁이나 그럴듯한 말만 할 것이 아니라 사회에 대한 진정한 도덕적 우위를 되찾아야 합니다.

교회는 세상 사람들이 타락한 화폐 문제를 제대로 이해할 수 있게 도와야 합니다. 이것이 하나님께서 교회에 부여하신 인류 진보를 위한 사명입니다. 교회는 지금 당장 구체적인 행동을 시작해야 합니다. 우리가 영적, 도덕적 권위를 가지고 현재 시스템의 부패상을 확고하게 선언할 때, 우리는 사람들을 하나님께 더 가까이 이끌 수 있습니다. 교회 지도자들은 오늘날 만연한 피상적이고 물질만능주의적인 경제관에서 벗어나야 합니다.

결론

노끈으로 채찍을 만드사 양이나 소를 다 성전에서 내쫓으시고
돈 바꾸는 사람들의 돈을 쏟으시며 상을 엎으시고
— 요한복음 2:15

우리는 그 어느 때보다 풍요하고 정보도 많으며 많은 혁신을 이뤘지만, 세상은 여전히 혼돈 속에 있습니다. 문제를 하나 해결하면 더 많은 문제가 나타나는 것 같습니다. 이런 막중한 도덕적 책임 앞에서 교회는 무엇을 해야 할까요?

아마도 우리는 예수님이 성전에서 상을 엎으셨던 그 이야기 속에 있는지도 모릅니다. 우리는 부패한 법정화폐 시스템에서 벗어나 곧 들이닥칠 경제적 폭풍을 준비해야 합니다. 세상은 더 이상 법정화폐 시스템이 초래하는 반복적인 경제 붕괴를 감당할 수 없습니다.

어떻게 준비해야 할까요? 교회가 돈에 대해 어떻게 더 도덕적인 태도를 보일 수 있을까요? 다음 장에서 우리는 부채 기반 법정화폐 시스템보다 더 뛰어나고 더 도덕적인 시스템을 제안하려고 합니다. 그것은 바로 비트코인입니다.

Chapter 8

비트코인, 더 도덕적인 돈

THANK GOD
for
BITCOIN

주의 종은 마땅히 다투지 아니하고 모든 사람에 대하여

온유하며 가르치기를 잘하며 참으며 거역하는 자를 온유함으로

훈계할지니 혹 하나님이 그들에게 회개함을 주사 진리를 알게

하실까 하며 그들로 깨어 마귀의 올무에서 벗어나 하나님께

사로잡힌 바 되어 그 뜻을 따르게 하실까 함이라

— 디모데후서 2:24~26

어떤 생각이 얼마나 중요한지는 그것에 반대하는 이들의 태도를 보면 알 수 있다고 합니다. 비트코인 탄생 후 11년 동안* 사람들은 비트코인에 여러 가지 별명을 붙였습니다. 사기, 일시적 유행, 튤립 파동** 2.0, 마이스페이스***의 화폐 버전, 암호화폐 세계의 모델 T****, 자유지상주의적 이상주의, 마법 같은 인터넷 화폐, 역사상 가장 큰 거품 등. 하지만

---

*   이 책의 원서는 2020년에 집필됐다.

**   17세기 네덜란드에서 벌어진 과열 투기 현상으로, 사실상 최초의 거품 경제 현상으로 인정되고 있다.

***   세계적인 성공을 거둔 최초의 SNS. 현재는 이용자가 거의 없다.

**** 자동차 회사 포드의 역사적인 자동차 모델. 1908년부터 생산돼 자동차의 대중화를 이끌다가 1927년 생산이 종료되었다. 모델 T가 더 발전된 모델에 의해 대체된 것처럼 비트코인 또한 대체될 것이라는 비판적 시각이 담겨 있다.

화폐사적 관점에서 보면, 비트코인은 거대한 도약이라 할 수 있습니다.

비트코인은 그 본질적 특성이나 보안성, 투명성 측면에서 새로운 형태의 화폐입니다. 더 중요한 점은 비트코인이 화폐 기술 측면에서 큰 진전을 이루었다는 점, 그리고 도덕적 돈으로 회귀했다는 점입니다.

1장에서 우리는 돈이 도구이고 이유가 있어서 만들어진다고 했습니다. 특별한 문제나 필요가 생겼을 때 이에 대한 대응으로 도구가 등장합니다. 비트코인도 마찬가지입니다.

비트코인이 탄생할 당시, 익명의 비트코인 창시자 사토시 나카모토Satoshi Nakamoto는 다음과 같은 메시지를 남겼습니다.

타임스 2009년 1월 3일 재무장관의 두 번째 은행 구제금융 임박*

사토시는 2008년 금융위기를 배경으로 이 메시지를 썼습니다. 현대 경제 시스템 때문에 수백만의 사람들이 겪은 참

---

* 원문: The Times 03/Jan/2009 Chancellor on brink of second bailout for banks.

화와 부당함을 직접적으로 언급한 것입니다. 위기의 불길이 가라앉고 나자, 연금 자산, 부동산, 채권, 저축 등 5조 달러(한화 약 7,250조 원)에 달하는 재산이 연기와 날아갔습니다.

수백만 시간의 노동이 몇 주 만에 사라졌습니다. 미국에서만 수백만 명이 집을 잃었고, 또 다른 수백만 명이 직업을 잃었습니다. 반면에 도덕적으로 완전히 파산한 시스템을 방치하고 개인적 이득을 착복한 은행가와 정치인들은 수백만 달러의 보너스를 챙겼습니다.

2008년의 재앙 이후 비트코인은 더 나은 길이 있다는 것을 세상에 보여주었습니다. 비트코인은 돈의 선한 면을 회복시켜 돈을 본래의 목적으로 돌려놓기 위해 만들어졌습니다. 돈의 본래 목적은 인류를 파괴하는 것이 아닌 인류를 섬기고 돕는 것이었습니다. 자유시장은 금을 돈으로 선택했는데 이는 금이 돈을 위한 최적의 도구이기 때문이었습니다. 하지만 금은 중앙은행에 의해 타락했습니다. 비트코인은 돈을 구원할 잠재력을 가지고 있습니다.

사토시가 남긴 메시지의 중요성을 깎아내리려는 사람들이 있지만, 비트코인이 하는 일을 자세히 들여다본다면 사토시가 현대 화폐 제도를 비난했다는 사실을 부인하기는 어렵습니다. 다시 말해, 현재 화폐 제도에서 타락한 부분을 제거하려 한 사토시의 의도는 비트코인의 목적 중 하나입니다. 이번 장에서는 비트코인이 무엇이고 비트코인이 왜 타락한 화폐 시스템을 구원할 수 있는지 살펴보겠습니다.

악한 돈의 대안

우리가 알거니와 우리의 옛사람이 예수와 함께 십자가에

못 박힌 것은 죄의 몸이 죽어 다시는 우리가 죄에게

종노릇 하지 아니하려 함이니

— 로마서 6:16

현재의 화폐 제도가 망가져 있다는 사실을 이해하기 전에는 비트코인의 중요성을 이해할 수 없습니다. 비트코인이 어떤 문제를 해결하는지 알면 비트코인이 얼마나 중요한지 알 수 있습니다. 하지만 사람들은 비트코인에 관심을 두지 않습니다. 애초에 해결해야 할 문제가 있다는 것 자체를 모르고 있기 때문입니다.

이전 여러 장에서 우리는 현재 통화 질서의 문제점에 초점을 맞췄습니다. 우리가 사는 화폐 시스템은 좋게 보면 순진하고 나쁘게 보면 기만과 도둑질에 기반을 두고 있습니다. 책 전체를 통해서 우리는 도둑질과 부패, 게으름, 방종을 조장하는 악한 돈에 관해 이야기했습니다. 더 심각한 것은 악한 돈 때문에 우리가 돈을 숭배하게 된다는 점입니다. 만약 악한 돈이 이 모든 문제의 근원이라면 우리는 선한 돈, 즉 도덕적 행동을 장려하는 돈으로 돌아가야 합니다.

이 책은 비트코인의 도덕적 결과에 초점을 맞추고 있습니다. 즉 비트코인의 기술적 측면은 자세히 다루지 않으며 관심 있는 독자는 책 뒷부분에서 비트코인과 관련된 자료 목록을 찾아볼 수 있습니다. 알아두셔야 할 것은 완전히 새로운 화폐 시스템을 배우는 것은 간단한 일이 아니며 꽤 많은 시간과 노력이 필요하다는 점입니다. 이제 비트코인의 특성과 그 도덕적 결과에 관해 설명하겠습니다.

비트코인이란?

비트코인은 디지털이고, 탈중앙화되어 있으며, 희소한 화폐입니다.

비트코인은 물리적 화폐가 아닌 디지털 화폐입니다. 즉 비트코인은 컴퓨터에 최적화되어 있습니다. 물리적 현금을 친구에게 바로 줄 수 있는 것처럼 비트코인도 친구에게 바로 줄 수 있습니다. 유일한 차이점은 인터넷을 통한다는 점뿐입니다.

비트코인은 또한 탈중앙화되어decentralized 있습니다. 비트코인은 신뢰받는 중앙기관이나 권위기관이 필요하지 않습니다. 은행이나 신용카드사 같은 중개 기관도 필요 없습니다. 비트코인은 100%의 검증과 0%의 신뢰를 기반으로 구축되어 있습니다.

디지털이면서 탈중앙화되어 있다는 말이 처음에는 대단해 보이지 않을 수 있습니다. 하지만 이 특정한 조합은 2009년에 비트코인이 나오기 전까지 화폐 세계에 존재하지 않았습니다.

마지막으로, 비트코인은 2,100만 개의 발행량을 가진 완벽하게 희소한 화폐입니다. 2,100만 개 이상의 비트코인은 존재할 수 없습니다. 어떻게 이게 가능한지는 이번 장의 뒷부분에서 살펴보도록 하고, 일단 비트코인이 해결한 문제를 먼저 알아보겠습니다.

신뢰 문제

귀인들을 의지하지 말며 도울 힘이 없는 인생도 의지하지 말지니

— 시편 146:3

컴퓨터와 인터넷은 세상을 훨씬 효율적으로 바꿔놓았습니다. 이제 우리는 집에서 쇼핑을 하고, 전 세계 사람들과 소통하며, 어디서든 뉴스를 찾아볼 수 있습니다. 이는 디지털 객체가 매우 편리하기 때문이기도 합니다. 물리적 객체와 달리 디지털 객체는 거의 즉각적으로 완벽하게 복사될 수 있습니다. 예를 들어 전자책은 종이책보다 훨씬 빨리 복사됩니다.

하지만 복사가 쉬운 특성은 디지털 객체의 개수를 제한

하려 할 때 문제가 됩니다. 예를 들어 이메일은 "보내기" 버튼을 누르면 이메일이 복사되어 전송되고 원래 이메일은 그대로 폴더에 남아 있습니다. 이런 문제는 음악 파일이나 영화 파일도 마찬가지입니다.

비트코인이 나오기 전까지 디지털 객체의 수량을 제한하는 유일한 방법은 권한을 가진 중앙기관에 의존하는 것이었습니다. 예를 들어 아마존Amazon*에서 전자책을 구매할 경우, 아마존은 결제 및 다운로드 내역을 기록해 둡니다. 이 경우 아마존은 구매자와 출판사 사이에서 신뢰받는 중앙기관 역할을 합니다.

신뢰받는 중앙 기관이 있으면 거래가 편해집니다. 위의 예시처럼 구매자와 출판사는 아마존을 신뢰할 수 있습니다. 만약 그렇지 않다면 출판사는 신용카드 사기 방지 부서와 전자책 담당 부서를 만들어야 합니다. 구매자 또한 출판사가 제대로 된 출판사인지 돈만 받고 나 몰라라 하는 곳은 아닌지 직접 알아봐야 합니다. 아마존의 대중성을 고려했을 때 구매자와 출판사는 이미 아마존과 신뢰 관계에 있을 가

---

*   미국 최대의 온라인 서점.

능성이 크므로 구매자와 출판사도 서로 믿을 수 있습니다.

하지만 아마존과 같은 신뢰 기관에는 다른 문제가 있습니다. 예를 들어 아마존이 구매자의 책을 뺏으려 한다면 그냥 뺏을 수 있습니다. 이는 이론적으로만 존재하는 문제가 아니며, 이미 아마존은 온라인 서점에서 책을 삭제한 적이 있습니다. 아마존이 구매자의 계정을 삭제한다면 구매자는 자신이 구매한 어떤 전자책에도 접근할 수 없게 됩니다. 기술적으로 말해 우리는 책을 "소유"하는 것이 아니라 그저 아마존의 "허락"하에 책에 접근할 수 있을 뿐입니다. 즉 신뢰 기관은 부정을 저지를 가능성이 있습니다.

미국 달러도 마찬가지입니다. 은행, 비자카드, 페이팔Paypal, 연준Fed 등 어떤 금융기관도 신뢰 기관이 될 수 있습니다. 우리는 통장에 있는 돈을 "소유"하는 것이 아닙니다. 신뢰 기관의 허락하에 돈에 접근할 수 있을 뿐입니다. 예를 들어 대부분 신용카드 회사는 여러분이 비싼 운동화를 산 후 30분 이내에 주유소에서 기름을 넣으려 한다면 결제가 안 되도록 막아놓았습니다. 왜 그럴까요? 도난당한 신용카드에서 이런 패턴이 자주 발견되기 때문에 카드사는 이런 순서로 물건을 사지 못하도록 했습니다.

신뢰 기관은 권력을 남용할 수 있기 때문에 문제가 됩니다. 해외 특정 국가에 선교 헌금을 보내려고 씨름했던 독자가 있다면 이것이 얼마나 어려운 일인지 아실 것입니다. 이는 대부분 돈이 너무 많은 중개 기관을 거쳐야 해서 발생한 문제입니다. 오늘날에는 돈이 거의 디지털로 이동하기 때문에 신뢰 기관들은 누가 돈을 받을 수 있고 누가 돈을 받을 수 없는지 과도하게 통제하고 있습니다. 이 신뢰 기관들은 거래 과정에서 뇌물을 요구하거나 수수료를 떼 가는 형태로 돈을 훔쳐갑니다.

신뢰 문제의 해결

어떤 잃은 물건 즉 소나 나귀나 양이나 의복이나 또는 다른 잃은 물건에 대하여 어떤 사람이 이르기를 이것이 그것이라 하면 양편이 재판장 앞에 나아갈 것이요 재판장이 죄 있다고 하는 자가 그 상대편에게 갑절을 배상할지니라

— 출애굽기 22:9

비트코인은 신뢰 기관의 필요성을 제거했습니다. 비트코인

은 직접 전송되며, 인터넷으로 교환되는 현금다발과 같습니다. 누구나 비트코인의 모든 거래 기록을 내려받을 수 있기 때문에 비트코인에는 신뢰 기관이 필요하지 않습니다. 거래 기록이 담긴 원장ledger을 블록체인blockchain이라고 하며 누구나 직접 이 원장의 거래를 확인할 수 있습니다. 컴퓨터나 휴대전화만 있으면 누구나 암호학을 이용해 거래의 정당성을 검증할 수 있습니다.

찌꺼기가 섞인 은 조각이나 테두리가 깎여나간clipped 금화, 위조된 100달러짜리 지폐와 다르게 비트코인을 위조하기는 너무나 어렵습니다. 저가의 휴대전화로도 빠르고 쉽게 비트코인의 위조 여부를 파악할 수 있습니다. 비트코인은 검증이 쉬우므로 위조와 같은 사기에 덜 취약합니다.

금융 시스템의 담당자들과 다르게 비트코인은 뇌물의 영향을 받지 않습니다. 즉 비트코인으로 하는 거래는 더 신뢰할 수 있으며, 따라서 비트코인은 더 도덕적인 화폐 시스템입니다.

인플레이션 문제

충성된 자는 복이 많아도 속히 부하고자 하는 자는
형벌을 면하지 못하리라

— 잠언 28:20

3장에서 다룬 바와 같이 법정화폐의 가장 큰 문제는 공급량이 무한대로 늘어날 수 있다는 점입니다. 통화 공급이 팽창하면 화폐의 가치가 낮아지고 이는 사람들의 장기적인 금융 계획과 저축을 방해합니다. 3장에서 논의했듯이 통화팽창은 정부가 대표성도, 법적 근거도, 투명성도 없이 숨겨진 세금을 통해 공동체의 재산을 훔치는 도구입니다.

중앙은행의 존재 때문에 이런 도둑질이 가능합니다. 공급을 늘릴 수 있는 중앙 기관이 없는 화폐 제도에는 이런 문제가 없습니다. 즉 도덕적 화폐 제도에는 돈을 찍어내는 중앙 권위기관이 없습니다.

2장에서 다뤘듯 소금이나 조개껍데기, 은 같은 전통적인 돈은 자연적으로 이미 존재했습니다. 이 돈들은 모두 중앙 화폐 발행 기관이 없다는 점에서 탈중앙화 속성을 가지고 있으며 만들어내기 어렵기 때문에 돈의 역할을 잘 수행합니다. 이런 이유로 금이 종이보다 더 도덕적인 화폐입니다. 법정화폐 제도에서 중앙은행은 항상 돈을 더 찍어내어 공동체의 가치를 훔쳐갑니다. 부분지급준비제도가 없는 금본위제에서는 이런 도둑질을 하기 매우 어렵습니다.

인플레이션 문제의 해결

가난하여도 성실하게 행하는 자는
부유하면서 굽게 행하는 자보다 나으니라
— 잠언 28:6

비트코인과 금은 비슷한 방식으로 탈중앙화되어 있습니다. 법정화폐와 다르게 금과 비트코인에는 단일한 발행 주체가 없습니다. 비트코인 생산에는 비용이 많이 들며 이는 금을 생산하는 것과 비슷합니다. 누구나 삽만 있으면 금을 채굴할 수 있듯이 누구나 컴퓨터만 있으면 비트코인을 채굴할 수 있습니다.

비트코인은 총 공급량이 이미 알려져 있다는 점에서 금보다 우월합니다. 비트코인은 절대적 희소성을 가진 유일한 화폐입니다. 비트코인은 2,100만 개만 존재할 수 있습니다. 이는 채굴을 통해 공급이 계속 늘어나는 금과 다릅니다. 2019년 나사NASA는 지구 전체의 금고에 보관된 금보다 백만 배나 많은 금이 있는 소행성을 발견했습니다. 만약 그 소행성에서 금을 값싸게 채굴할 수 있다면 금은 소금이나 조개껍데기처럼 더 이상 돈으로 쓰이지 않을 것입니다.

비트코인의 희소성은 금과 달리 절대적으로 보장되어 있습니다. 따라서 비트코인은 중앙은행의 도둑질뿐 아니라, 기술의 혁신이나 새로운 발견에도 위협받지 않는 더 공정한 화폐입니다.

비트코인의 공급은 예측할 수 있고, 투명하며, 변하지 않습니다. 이러한 특성은 비트코인이 공동체의 신뢰를 받는 가치 저장 수단이 되는 데 매우 유리하게 작용합니다. 정부 화폐나 심지어 금과 달리, 비트코인은 예상치 않은 공급 증가로 가치가 훼손될 가능성이 절대 없습니다. 공급이 고정되어 있기 때문에 불변하는 가치 측정의 수단으로 사용될 수 있습니다. 이에 따라 기업들은 제품의 품질을 몰래 낮추는 대신 품질 수준을 유지하려고 노력하게 됩니다. 간단히 말해, 인플레이션이 계속 우리의 재산을 훔쳐가는 이 세상에서 비트코인은 인플레이션이 불가능한 화폐로 존재하고 있습니다.

몰수 문제

도둑질하지 말라 선포하는 네가 도둑질하느냐

— 로마서 2:21

뒷마당에 금을 묻어 두지 않는 이상, 어디에도 돈을 비밀스럽고 안전하게 보관할 수 없습니다. 은행과 같은 신뢰 기관은 모종의 이유로 개인의 자금을 압류할 수 있습니다. 이유는 크게 상관없습니다. 은행이 개인의 자금을 몰수할 때 내세우는 "정당한" 이유 중 하나는 자금세탁입니다. 정당하지 않은 이유로는 2013년 키프로스* 구제금융 사태가 있습니

---

* 지중해의 작은 섬나라로 2012년 그리스와 함께 재정위기를 겪었고, 예금자들이 손실을 일부 부담하는 조건으로 구제금융을 받았다. 물론 예금자들의 의견은 상관없었다.

다. 이때 예금자들의 돈은 하룻밤 사이에 몰수되었습니다.

경제정책이 심각하게 실패하거나, 사회가 불안정해질 때 정부는 잘못된 통화정책을 시도하곤 합니다. 최근의 사례로, 2016년 인도에서 고액권 사용이 금지됐습니다. 이런 종류의 몰수는 사람들이 평생 모은 저축을 하루아침에 훔쳐가는 것과 마찬가지입니다. 이런 잘못된 통화정책은 권력기관의 도둑질과 같으며, 이는 정부의 재정 정책이 제대로 통제되지 않기 때문에 발생합니다.

아마 최근 역사에서 1933년 루스벨트 대통령[*]의 행정명령 6102호만큼 뻔뻔한 사례는 찾아볼 수 없을 것입니다.[**] 미국은 이 명령으로 미국 내에 있는 모든 사람의 금을 몰수했습니다. 사람들은 온스당 20.67달러를 받고 금을 정부에 매각해야 했지만, 바로 다음 해 금 가격은 법률에 따라 온스당 35달러로 재평가되었습니다. 이 행정명령은 명시적인 과세 없이 돈을 더 걷어가기 위한 정부의 술책이었습니다. 키

---

[*]   Franklin D. Roosevelt(1882~1945). 제32대 미국 대통령. 조지 워싱턴, 에이브러햄 링컨과 함께 미국의 가장 위대한 대통령 3명으로 뽑힌다.

[**]   Gary Richardson, Alejandro Komai, Michael Gou, Roosevelt's Gold Program
https://www.federalreservehistory.org/essays/roosevelts-gold-program (지은이)

프로스와 인도의 사례처럼, 행정명령 6102호는 정부가 몰수를 통해 공동체의 재산을 도둑질하는 여러 사례 중 하나였습니다.

몰수 문제의 해결

돈이 한 장소에 모여 있으면 몰수하기 쉽습니다. 행정명령 6102호의 몰수는 개인 금에도 적용되었지만 주된 목적은 시중은행이었습니다. 시중은행에는 수천 명의 사람이 예치한 금이 보관되어 있기 때문이었습니다.

어떻게 은행들은 이렇게 많은 금을 가지고 있었을까요? 역사를 보면 알 수 있습니다. 우리가 2장에서 논의했던 것처럼, 상품화폐는 물리적 속성 때문에 안전하게 보관하기 어렵습니다. 그래서 대부분 사람이 은행 같은 믿을 수 있는 전문 보관 업체에 금을 맡겼습니다. 단점은 금이 한 장소에 모이게 되어 정부가 훨씬 쉽게 훔쳐갈 수 있다는 것입니다.

비트코인은 디지털 화폐이므로 무장한 경비원이나 두꺼운 철문이 필요 없습니다. 물리적 금고와 같은 역할을 하는 비트코인 지갑 소프트웨어는 설정하기가 매우 쉽고 아주 저렴합니다. 그 결과 모든 사람이 자기 자신의 은행이 될 수 있고, 부당한 몰수는 훨씬 어려워집니다.

검열 문제

그가 모든 자 곧 작은 자나 큰 자나 부자나 가난한 자나

자유인이나 종들에게 그 오른손에나 이마에 표를 받게 하고

누구든지 이 표를 가진 자 외에는 매매를 못하게 하니

이 표는 곧 짐승의 이름이나 그 이름의 수라

— 요한계시록 13:16~17

오늘날의 정부는 돈으로 사람들을 통제합니다. 벌금이나 징역의 위협으로 사람들을 순응하게 하는 법률이 많이 있습니다. 정부가 어떤 집단이 못마땅할 경우 정부는 그 집단이 거래하는 은행이나 기업에 제재를 가해 그 집단을 통제합니다. 이런 방식의 통제는 특정 산업이나 심지어 특정 국가까지 미칩니다. 이것이 바로 금융 검열이며, 요한계시록

에 나오는 짐승과 유사합니다. 즉 짐승의 표를 가진 자 외에는 상거래를 할 수 없습니다.

다시 말씀드리지만 금융 중개 기관이 있어야 특정 거래를 제한할 수 있습니다. 은행, 카드사, 페이팔 같은 중개 기관은 우리가 누구에게 송금할지 제한할 수 있습니다. 정부 입장에서도 이런 중개 기관을 제재하는 것이 각 개인을 제재하는 것보다 훨씬 쉽기 때문입니다. 당연한 결과로, 조금이라도 불법적일 수 있는 거래는 검열되는 경우가 많습니다.

정부가 공정하다면 이 정도는 괜찮다고 생각할 수 있지만 문제는 정부가 공정하지 않을 경우입니다. 테러 조직에 보내는 자금을 검열하는 것은 괜찮을 수 있습니다. 그렇다면 선교사에게 보내는 헌금은 어떨까요? 모든 정부가 중개 기관을 규제하고 싶어 합니다. 대부분의 검열은 좋은 의도로 시작하지만, 정치적인 특혜나 진실의 은폐를 위해 악용되는 일도 있습니다.

검열 문제의 해결

비트코인은 전 세계 수만 대의 컴퓨터에서 작동하며 그 어떤 정부도 비트코인의 운영에 실제적 영향을 주지 못합니다. 예를 들어 일본 정부가 비트코인을 금지한다고 해도 일본 밖에 있는 컴퓨터에서 작동하는 비트코인 소프트웨어는 아무 영향을 받지 않습니다. 게다가 일본 안에 있는 사용자라도 거래는 여전히 가능합니다. 비트코인 소프트웨어를 운영하는 것은 꽤 쉬우므로 정부가 모든 비트코인 소프트웨어를 멈추게 하는 것은 현실적으로 불가능합니다.

도덕적인 관점에서 검열은 까다로운 주제입니다. 정부가 일단 검열 권력을 가지면, 가까운 미래에 이 힘을 오용할 가능성이 아주 큽니다. 검열은 정부가 악의적인 거래를 찾아내는 데 유용하게 쓸 수 있는 도구입니다. 하지만 역사적으로 이 도구는 내부고발자나 반체제 인사, 정치적 반대 세력, 종교 단체 등의 거래를 검열하는 데 쓰였습니다.

비트코인은 중앙 기관이 없으므로 선한 거래와 악한 거래 모두 당사자 간의 합의만 있다면 진행할 수 있습니다. 무죄추정의 원칙과 비슷하게, 일단 거래의 자유를 허용하는 것이 더 도덕적입니다. 이는 우리가 현금을 사용할 때와 같은 기준입니다.

비트코인에 대한 비판

비트코인은 악의적인 사용자들, 특히 다크넷 사용자들 때문에 엇갈린 평판을 받아 왔습니다. 예를 들어 많은 다크넷 시장에서 비트코인이 마약, 해적판 영화, 해킹된 개인정보 등을 거래하는 데 사용됐습니다. 비트코인은 랜섬웨어 ransomware의 지불수단으로도 사용됐습니다. 랜섬웨어는 개인 파일을 불법적으로 암호화한 후 이 파일을 미끼로 몸값 ransom을 요구하는 컴퓨터 바이러스의 한 종류입니다.

비트코인이 뇌물이나 그보다 더 나쁜 용도로 쓰인 적 있다는 사실은 명백합니다. 이것은 언론이 비트코인에 대해 보도하는 거의 유일한 내용이지만, 언론은 이런 나쁜 용도의 거래에 엄청난 현금이 사용되는 것은 무시합니다. 비트코인은 금융 중개자가 없으므로 특정한 일을 하기가 더 쉽습니다. 이것 또한 비트코인의 강점입니다.

비트코인은 나쁜 목적으로 쓰일 수 있지만 좋은 목적으로도 쓰입니다. 베네수엘라에서 마두로[*] 정권을 피해 달아난 사람들은 겨우 얼마 안 되는 재산만 가지고 탈출할 수밖에 없었습니다. 이들은 현금이나 금을 사용할 수 없었는데, 이런 물리적 화폐는 도난당하거나 몰수되기 쉬웠기 때문입니다. 대신 그들은 가진 소지품과 현금을 모두 비트코인으로 바꾼 후 국경을 넘었습니다.

이와 유사하게 아르헨티나, 터키, 나이지리아 같은 독재 정권 하의 사람들은 인플레이션을 일으키는 법정화폐 시스템하에서 정부에게 도둑질당하는 대신 비트코인으로 재산을 보존할 수 있습니다. 해외에서 일하는 사람들은 비트코인을 통해 부패한 국제 송금 업자들의 수수료보다 훨씬 싸게 국내로 송금할 수 있게 되었습니다. 제3세계의 사람들은 자국 내에 신용카드나 페이팔 서비스가 없어 구매가 불가했던 해외 상품을 비트코인으로 살 수 있게 되었습니다. 비트코인은 정치적으로 인기 없는 정당이나 직장에 알리고 싶지 않은 단체에 익명으로 기부하는 데도 사용될 수 있습니다.

---

[*]   Nicholas Maduro(1962~). 베네수엘라의 노조 활동가 출신 정치인이자 현직 베네수엘라 대통령. 자의적인 정책과 독재로 비판의 대상이 되고 있다.

검열은 동전과 같은 양면성을 가지고 있습니다. 비트코인에는 중개 기관이 없으며 이는 좋은 점이면서 나쁜 점입니다. 중개 기관이 되면 어떤 종류의 악행도 저지를 수 있는 기회가 생깁니다. 우리가 살펴본 여러 도덕적 문제를 고려해 볼 때, 검열이 불가능한 비트코인은 현재 우리의 부채 기반 법정화폐 시스템을 포함한 다른 모든 화폐 시스템보다 더 우월하고 도덕적인 시스템이라 할 수 있습니다.

가격 변동성

비트코인에 관해 이야기할 때 가격을 빼놓을 수는 없습니다. 비트코인은 2010년 이후 수많은 투기의 대상이 돼왔습니다. 비트코인이 푼돈에서 1만 달러 이상**으로 올랐기 때문에 투기와 관련이 없다고 하기는 어렵습니다. 비트코인의 변동성에 이끌려 많은 트레이더와 투기꾼이 비트코인 투자를 시작했습니다.

** 2025년 1월 기준, 10만 달러 이상을 기록했다.

비트코인의 변동적인 특성은 많은 언론에서 다루는 주제입니다. 비트코인에 변동성과 투기성이 있는 것은 사실이며 이는 탐욕과 무모함을 자극할 가능성이 있습니다. 우리가 돈을 숭배하는 문화에 살고 있다는 점에서 비트코인도 이 문제의 일부가 될 수 있습니다.

비트코인의 변동성이 큰 이유는 시장 참여자들이 비트코인을 받아들이는 중이기 때문에 그렇습니다. 시장 참여자들이 자산의 균형 가격을 찾으려고 할 때 자산의 가격이 등락하는 것은 정상적이며 자산의 가치가 올라가면서 변동성이 줄어드는 경향이 있습니다. 비트코인의 가격은 비트코인에 대한 사람들의 신뢰를 보여줍니다. 이 신뢰는 시간에 따라 오르내리지만, 비트코인의 역사와 화폐로서의 특성 덕분에 장기적으로 상승하는 추세를 보입니다. 비트코인이 역사상 가장 높은 성과를 내는 자산이라는 사실은 이러한 신뢰가 쌓여왔다는 증거입니다.

알트코인Altcoin

2011년 이후 비트코인의 대안alternative이라고 주장하는 수천 개의 알트코인이 등장했습니다. 이런 "암호화폐"들은 이더리움Ethereum, 리플Ripple, 비트코인캐시Bitcoin Cash, 트론Tron 같은 멋진 이름을 자랑합니다. 이 알트코인들은 제각각 다르지만, 한 가지 공통점이 있습니다. 바로 비트코인이 아니라는 점입니다. 사실 대부분의 알트코인은 비트코인에 대한 사람들의 열광을 이용하려는 노골적인 사기입니다.

비트코인의 가장 중요한 특성인 진정한 탈중앙화는 알트코인에 없습니다. 모든 알트코인에는 신뢰 기관처럼 행동하는 일종의 재단이나 설립자가 있습니다. 알트코인과 달리 비트코인은 중앙 기관의 통제를 받지 않는 규칙을 바탕으로 동작합니다.

이번 장에서 요약한 비트코인의 거의 모든 이점은 알트코인에 적용되지 않습니다. 그러므로 우리는 알트코인을 비트코인보다 더 나은 도덕적 대안으로 고려할 필요가 없습니다.

결론

기술적으로 볼 때, 비트코인은 훔치기 어렵고 검증하기 쉬우며 통화량을 늘릴 수 없는 화폐입니다. 비트코인은 금융 중개 기관의 손에서 권력을 빼앗아 사용자에게 돌려주었습니다. 비트코인은 금융기관이 아닌 개인이 스스로 돈을 보유하고 관리할 수 있도록 합니다. 비트코인은 인간의 개입에서 오는 편향과 욕심을 제거하고, 이를 절대 바꿀 수 없는 투명한 코드로 대체합니다.

비트코인 시스템에서는 정부가 금융기관이나 중앙은행을 이용해 공동체의 가치를 도둑질할 수 없습니다. 비트코인은 우리에게 거래에 대한 믿음을 줍니다. 그리고 시간이 지나도 가치가 유지될 것이라는 믿음, 몰수로부터 안전할 것이라는 믿음, 검열당하지 않을 것이라는 믿음을 줍니다.

비트코인은 화폐이자 시스템이며 다른 화폐 시스템이 가지고 있는 기술적, 도덕적 문제를 모두 해결합니다. 우리는 비트코인을 금보다 우수한, 그리고 중앙은행을 자동화하여 그 필요성을 없애는 소프트웨어로 생각할 수 있습니다. 비트코인은 완전히 다른 통화 생태계입니다. 여기에는 중앙

화폐인쇄기가 가지고 있는 부도덕한 동기가 없습니다. 비트코인은 우리의 개인적 죄성sinfulness을 경제적 구원으로 바꿉니다. 또 비트코인은 개인의 이기심을 공동체를 위한 선으로 바꿉니다. 러시아 철학자 솔제니친*은 다음과 같이 말했습니다.

만약 미래에 우리를 구원할 혁명이 있다면 그것은 도덕적이어야 한다. 즉, 우리가 아직 발견하지도, 알아차리지도, 실현하지도 못한 어떤 새로운 현상이어야 한다.

이것이 비트코인을 독특하고 중요한 존재로 만듭니다. 우리가 이 기회를 놓치지 않는다면 비트코인으로 완전히 새로운 경제, 즉 도덕적인 경제를 만들 수 있습니다.

---

* Aleksandr Solzhenitsyn(1918~2008). 러시아의 소설가, 극작가 및 역사가. 1970년에 노벨문학상을 수상하였다.

Chapter 9

돈의 구원

THANK GOD
for
BITCOIN

만일 누구든지 금이나 은이나 보석이나 나무나 풀이나 짚으로

이 터 위에 세우면 각 사람의 공적이 나타날 터인데

그날이 공적을 밝히리니 이는 불로 나타내고 그 불이

각 사람의 공적이 어떠한 것을 시험할 것임이라

— 고린도전서 3:12~13

세상에 홀로 존재하는 것은 없습니다. 모든 것은 연결되어 있고, 돈은 이런 연결을 만드는 중요한 원인입니다. 우리가 쓰는 돈의 형태는 우리가 하는 모든 일에 영향을 미칩니다. 악한 돈은 부도덕한 행동을 부추기고, 부도덕한 행동은 부도덕한 제도를 구축하며, 부도덕한 제도는 문명을 쇠퇴하게 합니다.

우리의 화폐 제도가 도난에 취약하고 부패해 있다는 점을 생각해보면, 우리 문명이 형편없는 토대 위에 서 있다는 것을 알 수 있습니다.

우리의 화폐 제도를 어떻게 구원할 수 있을까요? 그것은 어떤 모습일까요? 어떻게 그곳에 도달할 수 있을까요? 이 마

지막 장에서 우리는 비트코인 스탠더드Bitcoin Standard, 즉 비트코인 본위제가 채택된 우리 공동체가 어떤 모습일지, 그리고 어떻게 비트코인 스탠더드를 실현할지에 대한 비전을 제시합니다.

책임감을 더하는 비트코인

만약 우리가 하나님께로 돌아가 그 분을 마주한다면,
우리는 대가를 치를 준비를 해야 합니다. 대가를 치를 준비가
되어 있지 않다면 다른 누군가가 그 대가를 대신 치러주기를
바라며 거지처럼 살아가야 할 것입니다.
— 안토니 블룸 주교[*]

책임accountabillity은 회계accounting와 같은 어원을 가집니다. 책임이란 "주고받은 돈을 정산"하는 것입니다. 심은 대로 거

---

[*]   Anthony Bloom(1914~2003). 정교회 성직자이자 수도사. 칼리스토스 웨어(Kallistos Ware)와 더불어 영국에 정교회 전통을 소개한 대표적인 인물로 꼽힌다.

두는 원리입니다. 회계의 창시자인 루카 파치올리 수도사[**]는 모든 차변과 대변이 일치하는 복식부기 개념을 창안했습니다. 파치올리는 명확한 윤리적 원칙들을 하나의 공식으로 변환했으며, 이 공식에는 실제적 현실과 도덕적 목표가 반영되어 있습니다.

이전 장에서 보여드렸듯 정직한 회계 제도는 망가진 지 오래입니다. 즉 우리의 화폐 제도는 마땅히 져야 할 책임을 지지 않고 있습니다.

권력자들이 나쁜 결정을 할 때 우리는 그저 피하려고만 할지도 모릅니다. 하지만 우리가 피하기만 한다면 그것은 우리가 부패한 시스템의 일부임을 인정하는 꼴입니다.

비트코인에는 엄격한 책임 원칙이 있습니다. 도둑질을 통해 회계 원칙을 위반하는 우리 화폐 제도와 달리 비트코인은 입력과 출력, 대변과 차변, 수입과 지출이 일치해야 합니다. 비트코인은 법정화폐에 없는 도덕적 제약을 프로그래밍으로 추가합니다. 그러므로 비트코인 스탠더드 세상은 기존과 다른 인센티브를 가진 완전히 다른 세상이 될 것입니다.

[**] EAA admin, Luca Pacioli: Father of Accounting
https://everythingaboutaccounting.info/2020/07/luca-pacioli-father-of-accounting.html (지은이)

더 작고, 더 나은 정부

내가 게으른 자의 밭과 지혜 없는 자의 포도원을 지나며 본즉

가시덤불이 그 전부에 퍼졌으며

그 지면이 거친 풀로 덮였고 돌담이 무너져 있기로

— 잠언 24:30~31

정부는 크기가 클수록 더 적게 책임집니다. 정부가 제한 없이 커질 수 있는 이유는 법정화폐 때문입니다. 정부는 인플레이션을 일으켜 정부 정책에 자금을 대며, 이에 따라 정부는 더욱 커집니다. 거짓과 도둑질에 기반을 둔 경제에서는 결과가 아닌 의도를 기준으로 정책이 결정됩니다. 의도를 선전하는 것이 결과를 책임지는 것보다 훨씬 쉽기 때문입니다.

의도가 선하다 해도 결과가 평가되는 경우는 잘 없습니다. 그래서 효과 없는 정책이 양산됩니다. 결과가 중요하지 않기 때문에 비리와 부패가 끼어듭니다. 즉 공동체에서 훔쳐낸 돈이 아무렇게나 사용됩니다. 법정화폐 시스템은 모든 문제를 돈으로 해결하도록 부추깁니다. 이에 따라 정부의 크기가 커지지만 정부가 해결하는 것은 아무것도 없습니다.

비트코인은 이런 상황을 바꿉니다. 인플레이션으로 인해 숨겨진 세금이 없어집니다. 예산의 한도가 정해져 정책들이 서로 경쟁하게 되고, 이에 따라 정부의 성장은 제한됩니다. 이런 경쟁으로 인해 장기적으로 가장 창의적이고 효과적인 정책만 살아남게 되며 정실주의와 부패도 제한됩니다.

정부는 자신의 실수를 잘 인정하지 않고 정부 조직을 축소하려고 하지도 않습니다. 그래서 정부에는 외부적 제약이 필요합니다. 비트코인 스탠더드에서 정부는 정부 정책에 대해 책임져야 하고, 이 책임을 피하기 위해 몰래 국민의 재산을 훔칠 수 없습니다. 정부는 사기업에 가깝게 행동하게 됩니다. 재정적으로 무책임한 정부는 실패할 것이고, 후임 정권은 좀 더 신중하게 정부를 운영할 것입니다. 실질적이고 희소한 돈을 사용해야 하므로 정부는 국민을 만족시켜야 살아남을 수 있습니다.

도덕적인 경제 제도의 제한을 받는 정부는 어떤 모습일까요? 만약 정치인이나 왕이, 심지어 독재자라도 통화 공급을 팽창시킬 수 있는 능력이 없다면 어떨까요? 인플레이션을 통한 도둑질이 더 이상 불가능하다면 각국의 정부는 국민에게 더 나은 서비스를 제공하기 위해 경쟁할 수밖에 없습니다. 이에 따라 세율은 시장에 의해 결정되어 더 낮아질 것입니다. 동시에 정부 서비스는 세금 수입을 두고 경쟁해야 하므로 더 좋아질 것입니다. 아무리 무자비한 폭군이라도 도덕적 화폐의 제한을 받을 수밖에 없습니다.

더 깨끗해진 정치

무지한 치리자는 포학을 크게 행하거니와
탐욕을 미워하는 자는 장수하리라
— 잠언 28:16

허공에서 찍어내 국민에게 훔친 돈으로 공짜 혜택을 약속하는 것은 정치인들이 쓰기에 편하고 효과적인 전략입니다. 선거에서 이기기 위해 유권자가 원하는 것은 무엇이든 약속할 수 있습니다. 왜냐하면 그 약속을 지키기 위해 세금을 써야 할 필요가 없기 때문입니다. 앞서 이야기했듯, 현행 화폐 제도에서 실질적인 책임이나 제약은 존재하지 않습니다.

지킬 수 없는 약속을 하는 정치인을 탓하기는 쉬우나 그들만 책임이 있는 것은 아닙니다. 우리 또한 불가능한 약속을 하는 정치인에게 투표함으로써 공범이 되어 왔습니다. 우리는 지금까지 아무 노력 없이 무언가를 얻으려고 했습니다. 현행 화폐 제도 때문에 우리는 이것이 가능하다고 생각했으며, 우리가 정치를 이야기하는 방식 자체가 이 제도의 부도덕하고 타락한 본성을 보여주고 있습니다. 정치가 부정한dirty 이유는 화폐 제도가 부정하기 때문입니다.

비트코인 스탠더드에서 정치인들은 실질적인 예산 제약에 직면하게 되고 자금을 댈 수 없는 공약은 하지 못하게 됩니다. 의도뿐 아니라 결과에 대해서도 책임을 져야 하며 이에 따라 더 우수한 사람들이 정치에 입문하게 됩니다. 책임질 능력이 없는 사람들은 투표로 퇴출당합니다.

또한 예산을 최대한 효율적으로 써야 하므로 정치인은 창의력을 발휘해야 합니다. 그리고 공동체의 번영을 진정으로 바라는 사람들이 정치를 하게 됩니다. 게다가 정치인에게 뇌물을 줘서 얻을 수 있는 대가가 예산에 의해 제약되므로 부패 또한 줄어들 수밖에 없습니다. 비트코인은 우리 삶에서 정치가 차지하는 비중을 줄여주며 더 덕망 있는 정치인을 만들어냅니다.

전쟁 억제

여호와가 이같이 말하노라 용사의 포로도 빼앗을 것이요
두려운 자의 빼앗은 것도 건져낼 것이니 이는 내가 너를
대적하는 자를 대적하고 네 자녀를 내가 구원할 것임이라
— 이사야 49:25

어떤 독재자가 이웃 나라와 전쟁을 하려 한다고 가정해봅
시다. 이 독재자는 국민의 지지와 군대, 그리고 전쟁 자금이
필요할 것입니다. 국민의 지지는 선전과 선동으로 얻을 수
있고 군대는 징병을 통해 준비할 수 있습니다. 하지만 전쟁
에 필요한 자금은 대출이나 세금 또는 인플레이션을 통해
서만 조달할 수 있습니다. 전쟁에는 막대한 비용이 들어가
므로 군사 행동을 위해서 자금을 빌리거나 세금을 걷거나
국가의 자산을 팔아야 합니다.

악한 화폐 제도에서 독재자는 그저 돈을 찍어내어 공동
체의 재산을 훔칠 수 있습니다. 이에 따라 독재자는 효율적
이고 빠르게 전쟁을 끝내는 대신 분쟁을 장기화할 여력을
갖게 됩니다. 많은 사람이 불필요하게 죽고 공동체의 자원

이 고갈됩니다. 재정적인 제약이 없으므로 인플레이션으로 전쟁 자금이 충당되고 이에 따라 공동체는 궁핍해집니다.

비트코인 스탠더드에서 독재자는 예산의 제약을 받기 때문에 현명하게 재정을 관리해야 합니다. 전쟁을 지능적이고 효율적으로 수행해야 하며 파산을 막기 위해 언제 전쟁을 멈춰야 할지 알아야 합니다. 또 전쟁에 필요한 모든 결정을 주의 깊게 내려야 합니다. 독재자는 자신이 아껴 모은 귀중한 자원을 효율적으로 배분하기 위해 모든 지출을 신중하게 고려해야 합니다.

비트코인은 또 다른 방식으로 전쟁을 억제합니다. 희소한 돈에 제약받는 정부는 폭력적 전쟁으로 인구를 많이 희생시키려 하지 않을 것입니다. 왜냐하면 인플레이션이 없는 경우 세금이 주요 수입원이 되는데, 전쟁으로 인구가 감소하면 세금 수입도 감소하기 때문입니다.

전쟁은 또한 세금의 주요 수입원이 되는 경제에 극히 치명적입니다. 반면 악한 화폐 제도를 운영하는 정부는 화폐적 제약이 없어서 권위주의적으로 되기 쉽습니다. 비트코인 스탠더드에서 사람들은 서로의 시간을 소중히 여기고 정부는 시민의 가치를 존중합니다.

금융 접근성

세계적으로 약 17억 명의 사람이 은행 계좌가 없는 데는 이유가 있습니다. 은행에 계좌를 개설하려면 은행을 방문하고 신분을 증명해야 하며 자금 출처를 밝혀야 합니다. 은행 계좌를 유지하는 것은 각종 수수료와 최소 잔액 조건 등 여러 제약으로 인해 더 큰 부담이 될 수 있습니다. 은행은 잔액이 적은 계좌에 대해 높은 수수료를 부과하는데 이는 소액 계좌들이 은행에 수익을 가져다주지 못하기 때문입니다. 그 결과 저소득 가정들은 현금으로 저축할 수밖에 없습니다. 따라서 이들의 재산은 물리적으로 또는 인플레이션에 의해 도둑맞기 쉽습니다.

저소득 가구의 경우 저축이 오히려 골칫거리가 될 때도 있습니다. 하지만 미래를 위해 저축해야 빈곤에서 벗어날 수 있습니다. 가난한 사람을 돕고 싶다면 그들이 효과적으로 저축할 수 있게 도와줘야 합니다.

현행 화폐 제도에서 돈을 모으는 것은 두 배로 어렵습니다. 은행 계좌는 비용이 많이 들고 접근하기 어려운데 그렇다고 투자를 하려니 이 또한 복잡하고 비쌉니다. 복잡한 투자 상품을 다루며 고액의 보수를 받는 금융 전문가들로 이루어진 거대한 산업이 있을 정도니 말입니다. 이 산업은 저축을 갉아먹는 인플레이션을 따돌리기 위해 존재합니다.

비트코인으로 이 상황을 해결할 수 있습니다. 비트코인은 장기 저축을 위한 수단입니다. 휴대전화나 컴퓨터만 있으면 비트코인 지갑을 만들 수 있습니다. 신분증도 은행도 필요 없으며 디지털로 안전하게 보관되어 누구도 훔쳐가기 어렵습니다. 비트코인의 총 개수는 2,100만 개로 제한되어 있어 다른 어떤 돈보다 그 가치를 잘 유지합니다. 금이나 주식 또는 부동산과 다르게 비트코인은 소량으로 살 수 있습니다. 비트코인은 금융 서비스에서 소외된 사람들에게 손을 내밉니다.

비트코인은 독재정권하에서 고통받는 사람들을 돕습니다. 독재정권하의 금융 중개 기관은 터무니없는 수수료를 징수할 때가 많고, 권위주의 정부는 공동체의 자원을 직접 훔쳐갑니다. 비트코인은 중개 기관이 없어 이런 종류의 악용이나 도둑질이 불가능합니다. 비트코인은 비트코인을 소유하고 있는 사람의 가치와 자유를 극대화합니다.

게다가 비트코인은 디지털로 동작하기 때문에 이전에 어려웠던 거래가 훨씬 쉬워집니다. 베네수엘라 같은 폐쇄된 국가에 선교 헌금을 보낸다고 생각해보세요. 온갖 종류의 금융기관이 수수료를 떼어가고 시간도 몇 주씩이나 걸립니다. 더 최악인 것은 중개 기관이 거래를 검열할 수 있다는 것입니다. 비트코인을 보내는 것은 이메일을 보내는 것만큼 쉽고, 제삼자의 개입 없이 10분 안에 전 세계 어느 곳이나 비트코인을 보낼 수 있습니다.

생활 수준의 향상

의인은 종려나무 같이 번성하며
레바논의 백향목 같이 성장하리로다
— 시편 92:12

6장에서 살펴본 대로 법정화폐 시스템에서는 인플레이션으로 인해 시간이 갈수록 상품과 서비스의 질이 떨어집니다. 고객들이 돈의 실질 가치가 떨어졌음에도 불구하고 같은 상품에 대해 같은 돈을 내려 하기 때문입니다. 디플레이션 경제에서는 상품과 서비스의 품질이 점점 좋아지고, 법정화폐 인플레이션 경제에서는 상품과 서비스의 품질이 점점 나빠집니다.

비트코인 스탠더드로 나아갈수록 이런 상황은 바뀌게 됩니다. 비트코인으로 가격이 매겨진 상품과 서비스는 기술 발전과 함께 시간이 갈수록 품질은 크게 좋아지고 가격은 싸집니다. 비트코인 스탠더드에서 사람들은 더 많이 저축합니다. 기업의 제품과 서비스는 돈을 저축하는 것보다 매력적이어야만 팔리므로, 품질이 향상될 수밖에 없습니다.

비트코인 스탠더드에서는 장인정신과 창의력이 인정받게 됩니다. 상품은 더 오래 쓸 수 있고 더 튼튼해집니다. 근로자는 더 많은 기술을 개발하려 하고, 실력에 따라 평가받게 됩니다. 즉 상품의 품질과 노동의 품질이 모두 향상됩니다.

법정화폐는 인플레이션 때문에 지속해서 가치가 떨어집니다. 반면, 비트코인은 공급이 고정되어 있으므로 다른 모든 상품의 가치를 측정할 수 있는 진정한 척도가 될 수 있습니다. 비트코인 스탠더드에서 경제적 계산은 간단해지며 이에 따라 기업가들은 더 나은 결정을 할 수 있습니다.

쓸모없는 아이디어에 낭비되는 돈과 시간, 노력이 줄어들고, 시장이 요구하는 방향으로 그 자원이 가게 됩니다. 다시 말해서 비트코인으로 인해 우리는 올바른 삶을 살 수 있으며 문명도 번창하게 됩니다.

비대해진 정부

가난한 자는 밭을 경작함으로 양식이 많아지거니와
불의로 말미암아 가산을 탕진하는 자가 있느니라

— 잠언 13:23

우리가 사는 세상의 많은 부분이 끝없는 관료주의로 오염돼 있습니다. 학교와 의료, 기업 등이 모두 법정화폐를 먹고 자랍니다. 결국 관료주의란, 빚을 내어 쓸모없는 곳에 돈을 낭비하면서 잘못된 의사결정을 반복하는 것이라 할 수 있습니다.

이러한 낭비가 이어지면서 무의미하게 지대추구만 하는 일자리가 많아졌고 사람들은 형식적이고 공허한 삶을 살게 되었습니다. 이런 일자리는 사회에 아무런 기여를 하지 않

244

습니다. 그리고 정부 또는 기업의 관료들은 친인척이나 지인에게 그 자리를 나눠줍니다. 이는 불공정한 정실주의를 확산합니다. 무의미한 일을 하는 사람은 자신뿐 아니라 사회에도 악영향을 줍니다.

관료주의적 낭비 때문에 의료보험이 너무 비싸졌고, 정부는 비효율적인 조직이 됐으며, 학교는 우리 아이들에게 감옥과 같은 곳이 되었습니다. 법정화폐로 인한 관료주의로 얼마나 많은 사람의 인생이 낭비됐을까요? 비트코인은 이에 대한 해결책을 제시합니다.

비트코인을 구매한다는 것은 관료주의적 비대화에 대해 반대투표를 하는 것과 같습니다. 비트코인은 희소하므로 관료주의적 비효율을 해결합니다. 비트코인은 실수를 덮기 위해 추가로 찍어낼 수 없습니다. 이런 방식으로 비트코인은 지출에 대한 책임을 묻습니다. 비트코인 스탠더드에서는 돈을 함부로 써서 망한다 해도 구제금융을 받지 못합니다. 비트코인이 관료주의 문제를 완전히 해결할 수는 없지만, 법정화폐가 만들어내는 암적인 팽창은 멈추게 할 수 있습니다.

비트코인 스탠더드에서 정부는 관료조직 대부분을 차지하는 쓸데없는 일자리를 위해 마음대로 돈을 찍어낼 수 없습니다. 이제 정부는 낭비적인 지출을 인플레이션으로 은폐

할 수 없습니다. 비트코인으로 인한 재정적 제약 덕에 관료 조직의 크기는 자연스레 줄어듭니다. 간단히 말해 비트코인은 일터에 의미를 되찾아 줍니다.

정부에 더 많은 책임을 부과하는 것은 공동체에 또 다른 이익을 가져다줍니다. 낭비가 줄어 사회의 모든 면에서 혁신이 일어나고 상품의 품질이 중요해지며 지구의 자원이 더 잘 관리됩니다. 비트코인이 어떻게 이런 변화를 가져올까요? 어떻게 비트코인이 이렇게 많은 긍정적인 영향을 미칠 수 있는지 정말 믿기 힘들 정도입니다. 비트코인이 사회를 좋게 만드는 또 다른 근본적인 이유는 비트코인 때문에 사람들이 타인의 시간을 더 가치 있게 여기게 되는 것입니다.

시간을 보는 새로운 관점

그런즉 너희가 어떻게 행할지를 자세히 주의하여

지혜 없는 자 같이 하지 말고

오직 지혜 있는 자 같이 하여 세월을 아끼라 때가 악하니라

— 에베소서 5:15~16

비트코인을 가지고 있으면 장기 계획을 세우는 데 도움이 됩니다. 비트코인은 가치가 저하되지 않기 때문에, 우리는 시간을 더 가치 있게 여기게 됩니다. 가치가 유지되는 돈에 노동의 결과를 저장할 수 있어 시간을 더 소중히 생각하게 됩니다. 그 결과 돈에 대해 크게 걱정하지 않게 되고 더 의미 있는 일을 할 자유를 갖습니다. 비트코인의 절대적인 희소성은 시간이 지닌 본질적 희소성을 반영합니다.

충분히 많은 사람이 일과 시간에 대한 관점을 바꾸면 우리 공동체에 근본적인 변화가 일어납니다. 사람들이 타인의 시간을 가치 있게 생각하기 시작합니다. 과거를 더 잘 이해하게 되고 미래를 위한 더 나은 계획을 세우게 됩니다. 미래세대를 도둑질하는 대신 미래세대를 위해 저축하기 시작합니다. 문명을 무너뜨리는 대신 문명을 세우게 됩니다.

현재 우리의 사고방식은 병들고 왜곡되어 있습니다. 다른 사람의 시간을 존중하지 않는다면, 그것은 그 사람을 사랑하지 않는다는 말입니다.

우리의 낭비적인 관료주의 체제의 가장 근본적인 해악은 관료주의가 수많은 사람의 소중한 시간을 훔쳐갔다는 것입니다. 우리가 시간의 가치를 더 잘 반영하는 화폐를 사용한다면 이 해악을 없앨 수 있습니다. 비트코인 덕분에 우리는 우리 이웃을 사랑하고 목적이 있는 삶을 살 수 있습니다.

돈독한 가족

하나님이 그들에게 복을 주시며 하나님이 그들에게 이르시되

생육하고 번성하여 땅에 충만하라, 땅을 정복하라,

바다의 물고기와 하늘의 새와 땅에 움직이는 모든 생물을

다스리라 하시니라

— 창세기 1:28

6장에서 이야기했듯 현행 화폐 제도는 소비를 조장하고 높은 시간선호 행동을 부추깁니다. 이는 저축의 가치가 없어질 만큼 화폐가 빠르게 팽창하기 때문이며 그 결과 소비가 늘어납니다. 소비 중심적 태도는 우리가 사람을 바라보는 방식에 부정적인 영향을 줍니다.

모든 선진국에서 출생률이 감소하고 있습니다. 가장 큰 원인은 아이를 키우는 것이 손해라는 생각입니다. 아이를

키우기가 너무 어렵고 돈도 많이 든다고 생각합니다. 대부분 사람이 높은 시간선호를 가지고 있어서 눈앞의 안락함에만 집중합니다. 아이들을 축복이 아니라 부채로 여기게 됩니다. 이런 우려는 인류 역사 내내 있었습니다. 하지만 가장 물질적으로 안락한 지금 시대에 사람들은 그 어느 때보다 아이를 적게 낳고 있습니다.

이는 우리 사회가 사람을 문제를 해결할 수 있는 주체가 아니라 해결되어야 할 문제 또는 수동적 소비자 정도로 보고 있기 때문입니다. 이런 이유로 우리는 아이를 축복이나 자산으로 보지 않고 재산을 깎아먹는 짐으로 생각하고 있습니다.

비트코인 스탠더드에서 이런 상황은 바뀝니다. 사람들은 더 이상 자녀 양육을 고통으로 생각하지 않습니다. 비트코인으로 인해 사람들은 자유하게 되고, 시간에 대해 폭넓은 관점을 갖게 됩니다. 이를 통해 아이들이 주는 장기적인 축복의 가치를 더 명확히 알 수 있습니다. 장기적인 시야를 가지면 아이를 단기적인 재정적 짐이 아니라 공동체를 건강하고 오래 지속되게 하는 필수적인 존재로 보게 됩니다.

그 결과 결혼 생활이 안정되고 아이도 더 많이 갖게 될 것입니다. 낙태를 하게 만드는 두려움과 절박함도 사라집니다. 낮은 시간선호를 가지고 사는 부모는 낮은 시간선호 행동을 하는 아이를 키울 가능성이 큽니다. 일을 통해 풍요로워질 수 있다는 것을 아는 아이는 생산적인 성인으로 자랄 가능성이 훨씬 크고 정부에 의존할 가능성이 작습니다. 이런 아이들은 짐이 아니라 축복입니다.

비트코인은 가정을 흔들어 놓는 재정적 스트레스를 덜어줄 수 있습니다. 비트코인 스탠더드에서 사람들은 저축을 선호하고 이에 따라 노년도 더 잘 준비합니다. 공동체가 적절한 비용으로 노인들을 부양할 수 있다면 노년층을 부담으로 여기는 분위기도 잦아들 것입니다. 건강한 가정이 건강한 공동체를 만들 수 있습니다.

교회의 재정 개혁

너희는 이 세대를 본받지 말고 오직 마음을 새롭게 함으로
변화를 받아 하나님의 선하시고 기뻐하시고 온전하신 뜻이
무엇인지 분별하도록 하라

― 로마서 12:2

교회의 사명은 망가진 세대에 희망을 전하는 것입니다. 교회가 죄에 빠져 있다면 할 수 없는 일입니다. 하지만 교회를 개혁하는 것은 정치적으로, 영적으로 어려운 과제입니다. 신약의 할례에 대한 논쟁부터 중세의 면죄부 판매 관행까지 역사적으로 교회는 많은 문제에 맞닥뜨렸습니다.

로마서의 말씀처럼 우리는 이 세대를 본받지 말고 변화를 받아야 합니다. 이러한 변화는 우리가 진리를 직시하고 이로 인한 모든 결과를 받아들일 때만 가능합니다.

법정화폐가 어떻게 교회를 훼손하고 타락시켰는지 이해했다면 이제 교회를 회복할 수 있습니다. 7장에서 논의했듯 교회는 쉽게 얻을 수 있는 돈의 유혹에 굴복했고 결국 막대한 빚에 시달리게 되었습니다. 이에 따라 교회는 하나님을 추구하는 대신 세상적 문제에 집중하게 되었습니다.

이제 우리는 어디로 어떻게 나아가야 할까요?

어떤 개혁이든 첫 번째 단계는 고백입니다. 교회로서 우리가 돈에 집착한 것을 고백하고 하나님께 용서를 구해야 합니다. 우리가 길을 잃었으며 거룩함 대신 물질적 번영을 우선시했다는 사실을 인정하기는 쉽지 않습니다. 특히 대부분 교회는 자신들이 물질적 번영을 추구한다고 생각조차 하지 않습니다.

이제 교회는 교회가 따르고 있는 법정화폐 시스템의 문제점에 대해 심각하게 고려하고, 적극적으로 이 시스템에서 교회를 분리해야 합니다. 우리는 이 일을 교회의 경제 개혁을 위한 부르심으로 여겨야 합니다.

교회는 성도들로 이루어져 있습니다. 따라서 교회 경제를 개혁하려면 성도의 경제 개혁이 먼저 일어나야 합니다. 사람들이 경제적 곤경에서 벗어나도록, 그리고 법정화폐의 부패가 미친 영향을 이해하도록 도움을 주는 사역은 좋은 출발점이 될 수 있습니다. 돈에 중독된 사람들이 회복되도록 돕는 것도 또 다른 방법입니다.

비트코인이 이 모든 것을 도울 수 있습니다. 성도들은 단기적 쾌락을 버리고 절제의 미덕을 실천하는 법을 배울 수 있습니다. 무의미한 직업과 부채에 억눌려 있는 성도가 아닌, 채무에서 자유한 그리스도의 제자들로 가득 채워진 교회가 할 수 있는 일을 상상해보세요. 돈이 아닌 오직 하나님만 섬기는 성도들로 가득한 교회는 세상을 변화시키는 강력한 원동력이 될 것입니다.

공의의 회복

너는 재판을 굽게 하지 말며 사람을 외모로 보지 말며
또 뇌물을 받지 말라 뇌물은 지혜자의 눈을 어둡게 하고
의인의 말을 굽게 하느니라

— 신명기 16:19

우리는 지금까지 비트코인이 현행 화폐 시스템의 여러 해악을 어떻게 해결할 수 있는지 알아봤습니다. 우리는 돈을 매개로 우리의 가치와 선호를 드러냅니다. 따라서 비트코인이 가지고 있는 많은 이점은 돈의 영역을 넘어 도덕적, 영적 영역까지 확장됩니다.

돈이 어디에나 스며들어 있으므로 악한 돈은 삶의 모든 영역을 타락시킵니다. 그중 가장 중요한 것은 우리의 성품, 특히 우리가 다른 사람을 대하는 방식입니다. 악한 돈 때문에 우리는 일을 통해 하나님의 형상을 드러내는 대신 공동체를 도둑질하려는 미혹에 빠집니다. 사회 최상위층의 도둑질은 돈의 규칙 자체를 변경시켜 권력자에게 유리한 구조를 만들고 나머지 사람들의 재산을 앗아갑니다.

오늘날 세상을 괴롭히는 사회적 갈등 대부분은 현행 화폐 제도가 직접적인 원인입니다. 3장과 4장에서 설명했듯 부유한 사람들은 정치적 부당이득과 특혜적 저금리를 이용해 더 부유해집니다. 반면 가난한 사람들은 높은 금리를 적용받는 데다가 건전한 저축 수단도 없어 가난에서 벗어나기 힘듭니다. 오늘날 우리가 목격하는 사회 불안의 대부분은 바로 이런 명백한 불공정 때문에 나타납니다.

법정화폐 제도가 실패하는 가장 큰 이유는 규칙이 건전하지 않기 때문입니다. 미국 달러의 유통량은 얼마여야 할까요? 누가 어떤 기준으로 결정하나요? 달러 생산으로 누가 이득을 볼까요? 규칙이 불명확할 뿐 아니라 쉽게 변경되기까지 합니다. 안정된 규칙은 안정된 공동체를 만들지만 규칙이 깨지면 공동체가 망가집니다. 비트코인의 깨지지 않는 규칙은 정의와 공정, 평화를 가져옵니다.

비트코인은 타락할 수 없는 돈이며, 전체 공동체의 합의 없이는 규칙을 변경할 수 없습니다. 각 개인의 자기주권성 self-sovereignty[*]이 존중되고 도둑질은 매우 어려워집니다. 비트코인은 법정화폐로 인해 타락한 많은 가치를 구원합니다.

---

[*]   개인이 자신의 삶에 관한 결정과 통제를 스스로 행사할 수 있는 권리와 능력.

어떤 면에서 비트코인은 돈이 본래 가져야 할 모습을 진정으로 실현하는 것이라 할 수 있습니다.

비트코인 스탠더드에서는 지대를 추구할 기회가 줄어들며 사람들은 공동체에 이바지한 가치만큼 돈을 법니다. 돈은 더 이상 권력자들이 휘두르는 무기가 아니라 공동체에 이바지한 대로 보상해주는 공정한 심판관이 됩니다. 즉, 비트코인 스탠더드는 세상에 화폐 정의를 회복할 것입니다.

비트코인이 해결하지 못하는 것

나는 너를 애굽 땅, 종 되었던 집에서 인도하여 낸

네 하나님 여호와니라

— 출애굽기 20:2

비트코인은 현행 화폐 제도의 많은 문제를 해결하지만 그렇다고 만병통치약은 아닙니다.

비트코인이 지금처럼 계속 성장한다면 사람들은 비트코

인을 찬양하고 환호하면서 비트코인을 절대적으로 믿게 될지도 모릅니다. 또한 비트코인에 늦게 참여한 사람을 깎아내리려고 할 수도 있습니다. 이러한 교만은 우리가 끝까지 싸워야 할 대상이지만 이미 많은 사람이 이런 함정에 빠졌습니다. 비트코인은 더 도덕적이고 더 나은 돈입니다. 그렇지만 비트코인이 빠르게 성장하는 과정에서 사람들은 비트코인을 "빨리 부자가 되는 방법" 중 하나로 생각했습니다.

급격한 부의 축적뿐 아니라 신기술을 제대로 알아보았다는 자부심은 탐욕과 자만심을 키울 위험이 있습니다. 우리의 목표는 물질적 풍요에서 의미를 찾는 것이 아니라 하나님의 뜻에 맞는 세상을 만들어 모두를 이롭게 하는 것입니다. 금전적 이득에 목표를 두고 거기에 집중한다면 이미 우리는 진 것입니다.

당신이 가진 것 중 그분께 받지 않은 것이 있습니까? 당신만 비트코인에 끌렸고 주변 모두는 무관심했었나요? 당신이 그저 운이 좋았던 것은 아닐까요? 별로 중요한 것은 아닙니다. 비트코인으로 얼마나 많은 부를 얻든 그것은 오직 우리가 하나님을 사랑하고 이웃을 사랑하기 위해 사용될 때만 쓸모 있는 것입니다.

선한 돈은 우리를 더 좋게 이끌어 주는 선물이지만 그것

자체가 목적은 아닙니다. 비트코인은 인간이 만든 것이고 인간은 항상 인간이 만든 것을 숭배하려는 미혹에 빠집니다. 우리는 이런 미혹을 이겨내고 겸손한 사랑과 봉사의 삶을 살아가야 합니다.

금본위제로 돌아가지 않는 이유

개가 그 토한 것을 도로 먹는 것 같이 미련한 자는

그 미련한 것을 거듭 행하느니라

— 잠언 26:11

건전화폐를 다룬 많은 책에서 정부가 금본위제로 돌아가야 한다는 희망을 말합니다. 대체로 이런 책은 건전화폐의 개념을 사람들에게 알리고 가르치라는 당부로 끝을 맺습니다. 이들은 금본위제로 회귀하는 것이 중요하다고 생각하는 사람이 충분히 많아져 정치적 행동으로 이어지기 바랍니다.

하지만 불행하게도 금본위제의 시대는 이미 지나갔습니다. 금은 그 물리적 본질 때문에 돈으로 쓰기 어렵습니다.

오늘날 세상은 점점 더 디지털 거래에 의존하고 있습니다. 물론 물리적 금을 사용하는 대신 금 기반 화폐를 쓸 수 있습니다. 역사적으로 이런 시도가 많이 있었으나 매번 법정화폐로 변질돼 버렸습니다. 금본위제로 돌아가는 길은 온갖 미혹으로 가득하며 결국에는 금 준비금에 대한 중앙 통제로 향하게 됩니다.

금본위제로 돌아간다 해도 금융 중개 기관이 압박받으면 언제라도 법정화폐로 회귀할 가능성이 있습니다. 즉 금은 과거에 여러 번 실패했으며 금본위제로 돌아가는 것은 현실적인 해결책이 못 됩니다.

서서히, 그러다가 갑자기[*]

너희는 스스로 조심하라 그렇지 않으면 방탕함과 술 취함과
생활의 염려로 마음이 둔하여지고 뜻밖에 그날이
덫과 같이 너희에게 임하리라

— 누가복음 21:34

정치권력을 가지고 있는 사람들은 금본위제로 돌아갈 필요가 없습니다. 이미 많은 권력자가 정부에 속해 있으며 현행 화폐 제도로 너무 큰 이득을 보고 있습니다. 정치인이나 은행가 계급이 특히 그렇습니다. 이들은 이미 큰 권력을 가지고 법정화폐의 특혜를 누리고 있으므로 이들이 법정화폐를 포기하고 건전화폐로 돌아가리라 기대하기는 어렵습니다. 즉 금본위제로 돌아가려는 생각은 현실적이지 않습니다.

금과 달리 비트코인은 서서히 단계적으로 도입할 수 있습니다. 정치적 다수의 지지가 필요치 않으며 기존 시스템을

---

[*]   어니스트 헤밍웨이의 소설 《태양은 다시 떠오른다》에 나오는 구절. 왜 파산하게 됐느냐는 질문에 등장인물이 한 말이다.

뒤엎지 않고도 각 개인이 자유롭게 선택할 수 있습니다. 신뢰의 전환도 필요하지 않습니다. 신뢰하고 있던 시스템에서 다른 시스템으로 옮길 필요가 없습니다.

비트코인은 개인을 위한 은행이 될 수 있습니다. 비트코인은 단일한 통제 지점이 없고 몰수될 위험이 적으며 개인에게 더 많은 권력을 줍니다. 게다가 비트코인은 디지털 자산이기 때문에 물리적 자산보다 훨씬 안전하게 보관할 수 있고 전송하기도 쉽습니다. 이러한 특성은 비트코인에 대한 진입 장벽을 낮춰줍니다.

비트코인이 단계적으로 도입될 수 있다는 점은 매우 큰 강점이며 정치적 갈등 없이 건전화폐 체제로 나아갈 수 있는 길을 열어줍니다. 각 사람은 자신의 필요와 상황에 맞게 비트코인을 받아들일 수 있습니다. 비트코인의 장점을 깨닫는 사람이 많아지면 비트코인을 선택하는 사람도 많아질 것입니다. 비트코인은 법정화폐처럼 강제로 도입되는 것이 아니라 자유시장에서의 경쟁을 통해 도입될 것입니다. 비트코인은 정치체제와 독립적으로 존재합니다.

우리를 고쳐주는 비트코인

하나님이 모든 것을 지으시되 때를 따라 아름답게 하셨고
또 사람들에게는 영원을 사모하는 마음을 주셨느니라
그러나 하나님이 하시는 일의 시종을 사람으로
측량할 수 없게 하셨도다
사람들이 사는 동안에 기뻐하며 선을 행하는 것보다 더 나은 것이
없는 줄을 내가 알았고 사람마다 먹고 마시는 것과 수고함으로
낙을 누리는 그것이 하나님의 선물인 줄도 또한 알았도다

— 전도서 3:11~13

영원을 의식하면서 유한한 육체로 살아가는 인간의 모습은 모순적입니다. 우리는 과거에 얽매여 미래를 걱정하면서 현재와 힘겹게 싸우고 있습니다. 전도서는 담백하게 진리를 이야기하지만 이것을 삶에 적용하기는 쉽지 않습니다. 세상이 끊임없이 우리의 생각과 마음을 미혹하기에 우리는 하나님이 매일 우리에게 주시는 선물을 깨닫지 못합니다.

하나님은 여전히 이 세상에서 일하고 계십니다. 이는 그리스도인들이 늘 당연하게 여겼던 것이었습니다. 하나님이

261

끊임없이 내려주시는 일상의 은혜와 우리의 가장 큰 문제에 대한 하나님의 응답이 바로 우리가 할 수 있는 간증입니다. 비트코인을 주심에 감사하는 것이 경박해 보일 수 있습니다. 하지만 인류가 비트코인 덕분에 미래에 대한 희망을 품을 수 있게 되었으니 우리는 사랑과 자비의 하나님께 감사를 드림이 마땅합니다.

비트코인은 우리에게 잠시 속도를 늦추고 혼돈 속에서 일하시는 그분의 손길을 바라보라는 초대장과 같습니다. 하나님은 비트코인을 현대의 맘몬Mammon, 물신에 대한 대안으로 우리에게 주셨습니다. 하나님은 우리가 법정화폐의 쳇바퀴에서 벗어나 그분이 주신 모든 선한 선물을 온전히 누리기를 원하십니다.

예를 들어 아이들이 너무 빨리 자란다고 아쉬워하고 아이들이 마주하게 될 미래에 대해 걱정하기만 한다면, 우리는 아이만의 특별한 모습을 온전히 누릴 수 없습니다. "아이들이 너무 빨리 자란다"라는 말은 이런 조급한 생활방식을 나타냅니다. 돈이 타락하여 생긴 경제적 두려움 때문에 우리는 늘 서두릅니다. 시간을 바르게 바라보면, 우리는 아이의 모든 성장 단계가 고유한 아름다움을 지니고 있음을 알게 됩니다.

이 책에서 다룬 내용들이 버겁게 느껴질 수 있는데 실제로 그렇습니다. 우리는 이 암담한 현실을 외면하거나 얼버무리려 하지 말고 끝까지 맞서 싸워야 합니다. 좋은 소식은 비트코인이 이 실존적 도전에 맞설 수 있는 희망이 되어준다는 것입니다.

이것은 검증되지 않은 이론이 아닙니다. 이미 많은 비트코인 공동체들이 법정화폐의 속박에서 벗어나 건전화폐에 뿌리를 두고 새로운 세상과 약속된 미래를 살고 있습니다. 지금 여러분이 읽고 있는 이 책은 비트코인이 어떻게 사람들을 하나의 목적 아래 모으고 구세계의 분열된 경계를 뛰어넘게 하는지 보여주는 완벽한 증거입니다.

결론

우리의 현재 통화 제도는 정체되어 있고 안전하지 못하며 독점적이고 기득권에 붙들려 있고 중개 기관이 있어야 하고 검열당할 수 있으며 부도덕합니다. 구조상 대규모 약탈이 가능하며 개인적, 영적 영역 및 정치적 영역에서 문제를 일으킵니다. 우리는 돈을 숭배합니다. 우리는 돈의 노예가 되어 일종의 화폐적 스톡홀름 증후군*에 빠져 있습니다. 타락한 화폐 제도는 교회에도 영향을 미쳤으며 많은 교회가 재정적으로 무책임한 모습을 보이고 있습니다.

비트코인은 혁신적이고 혁명적이며 안전하고 경쟁을 통해 발전하며 누구나 쉽게 접근할 수 있고 검열되지 않으며 도덕적입니다. 비트코인은 인플레이션을 통한 정부의 도둑질이나 무절제한 정부 지출, 왜곡된 정치적 인센티브를 없앱니다. 비트코인은 우리와 돈의 비정상적인 관계를 회복시키고 우리의 시간과 일에 더 많은 의미를 가져다주며 우리를 더 신중한 사람이 되게 하고 우리를 빚에서 해방시켜 줍니다. 비트코인은 공동체를 회복하고 가난한 사람에게 금융에 접근할 수 있는 기회를 제공하며 공동체의 뜻을 하나로 모으고 저축으로 미래를 준비할 수 있게 합니다. 비트코인이야말로 타락한 우리의 화폐 제도를 구원하는 길입니다.

비트코인이 가지는 이 모든 장점을 생각해보면, 점점 더 많은 사람이 비트코인을 받아들이는 것은 당연한 일입니

---

* 인질이 범인에게 동조하고 감화되는 비이성적인 심리 현상. 피해자가 가해자를 변호하는 현상이 나타난다.

다. 하지만 돈을 완전히 구원하려면 공동체 차원에서 비트코인을 받아들여야 합니다. 구성원 대다수가 비트코인을 사실상의 표준 화폐로 받아들일 때 비트코인의 모든 장점을 공동체가 완전하게 누릴 수 있습니다. 논쟁의 여지가 없는 진리의 원천으로서, 비트코인은 더 정직한 사회를 위한 기초가 될 수 있습니다.

비트코인의 이점을 누리기 위해 공동체의 채택을 기다릴 필요는 없습니다. 타락한 화폐 제도의 굴레에서 벗어나면서 알게 되는 새로운 세상을 우리는 한 사람씩 맞이할 수 있습니다. 우리는 비트코인 덕에 돈에 대한 숭배에서 돌이킬 수 있으며 돈을 하나님이 주신 진정한 선물로 이해하고 경험할 수 있습니다.

돈은 거래를 위한 수단이고 거래는 공동체에 쓸모 있는 것을 만들기 위한 수단입니다. 다시 말해 돈은 하나님이 우리를 창조하신 목적을 온전히 실현하기 위해 꼭 필요한 도구입니다. 악한 돈은 우리를 그 목적에서 멀어지게 하고 창조주가 아닌 피조물을 섬기게 합니다. 선한 돈은 우리를 하나님께 더 가까이 이끌며 그 목적을 이룰 수 있게 도와줍니다.

비트코인이 나오기 전에는 선한 돈을 선택할 자유가 없었습니다. 이제 우리는 돈에 대한 집착에서 벗어나 돈을 제자리로 돌려놓을 수 있는 도구를 갖게 되었습니다. 이에 대해 우리는 마땅히 하나님께 감사드려야 합니다.

책 첫머리에서 여러분께 "돈"이라는 단어를 들을 때 무엇이 생각나는지 물어봤습니다. 그 대답에는 아마 두려움과 불안, 탐욕이 섞여 있었을 것입니다. 하지만 반드시 그래야 할 필요는 없습니다. 돈은 하나님의 선물입니다. 돈에 담긴 하나님의 뜻을 깨닫는다면 우리가 지어진 목적을 새롭게 이해하고 감사하며 깨달을 수 있을 것입니다.

이러한 생각이 우리 안에 내면화될 때 우리는 이렇게 고백할 것입니다.

"하나님, 비트코인을 주셔서 감사합니다."

감사의 글

이 책은 2020년 코로나19로 인한 봉쇄 기간 동안 있었던 성경 공부의 결과물입니다. 성경을 읽으면서 우리는 화폐 윤리에 관한 책을 몇 권 더 공부했습니다. 외르크 귀도 휠스만의 《화폐생산의 윤리Ethics of Money Production》와 게리 노스의 《정직한 돈Honest Money》이라는 두 책은 우리에게 영감을 주었고, 이 책의 여러 논점을 검토하는 데 큰 도움이 되었습니다.

초고를 읽고 검토해주신 로자 쇼어즈, 로버트 윌리엄 앨런, 에리카 젬마, 파커 화이트, 브릿 닐, 줄리 닐, 제이슨 말리낙, 칼렙 린드, 마크 맥키라한, 매튜 한젤카, 브라이언 해링턴, 길레르메 반데이라, 네이트 샤프, 댄 렘펠, 테일러 플레처, 아서 아멘트, 존 발라우아트, 린데 괴체, 발렌티나 토

폴스카야, 아담 슬러셔에게 감사의 말씀을 드립니다.

또한 업워크UpWork를 통해 함께 일하게 된 편집자 사라 램, 엘리슨 헤스터, 보니타 주얼에게도 감사의 말을 전합니다.

본 저서를 작업하는 데 시간을 쓸 수 있도록 배려해준 가족들, 특히 줄리 송과 지미의 자녀들(T, L, M, T, L, M), 사라 부시와 J.M의 자녀들(J, E, A, and A), 게이브의 자녀들(E, A), 대니얼 미카엘, 킹스턴 미카엘, 색신 미카엘, 러시튼 월트책, 미미 월트책, 자넷 팸플릿, 로버트의 자녀(P), 줄리아 투린스키의 남편과 자녀들, 라일의 가족 아우렐리아와 코제트에게 감사드립니다.

마지막으로 이 모든 것에 대해 하나님께 감사드립니다.

감수 · 출판기획자의 말

안녕하세요, 비트코인 적립식 투자 솔루션 '비트세이빙'을 운영하는 업루트컴퍼니 강승구 부대표입니다. 크리스천이자 비트코이너로서 이 책을 한국에 출판하게 되어 기쁩니다.

작년, 출판사와 비트코인에 관한 책을 직접 쓰기로 이야기를 나눈 뒤 늦은 밤, 짬을 내 글을 쓰다가 '내가 지금 쓰는 글보다 더 좋은 관점으로 비트코인을 설명하고 사람들에게 더 좋은 영향을 줄 책이 세계 어딘가에 있지 않을까?'라는 생각을 하게 되었습니다.

그 후 한국에 소개되지 않은 좋은 해외 비트코인 책들을 찾는 노력을 하게 되었습니다. 그리고 이 선물과도 같은 책을 만나게 되었고, 저자인 '지미'에게 연락했습니다. 그 과정에서 한국의 '명훈'님이 먼저 지미님과 연락을 나누었던

270

것을 알게 되어 명훈님께 함께 이 책을 번역 출판해서 큰 시너지를 만들어보자고 제안했습니다. 책의 출판에 도움을 주신 '거인의 정원' 이웅구 대표님께도 큰 감사를 드립니다.

한국에서는 「특금법」 개정안을 통해 크립토, 코인, 암호화폐 등 다양한 이름으로 불리던 이 '돈'을 가상자산으로 통일하기로 하였습니다. 현재 2만여 개의 블록체인 기술을 활용한 이 '돈'들이 있지만 인플레이션 문제와 기존 금융기관들의 도덕적 해이를 해결하기 위해 탄생하고, 그것이 완벽히 실행된 것은 '비트코인'밖에 없습니다. 비트코인은 가상이 아닌 실제, '리얼' 돈이기 때문에 다른 가상자산들과는 구분해서 바라봐야 할 것입니다.

한국에서 비트코인은 단일어이지만, 사실 비트코인은 다의어입니다. 영어로 'Bitcoin'은 자산을, 'bitcoin'은 페이먼트 네트워크를 뜻합니다. 미국의 스트라이크 사는 라이트닝이라는 비트코인 네트워크 기반 기술을 이용해서 국제 송금 서비스를 '빛의 속도'로 국경을 넘어 빠르게 송금하며 상용화 중이고, 비트코인은 미국에서 2024년 1월 ETF 승인, 2025년 1월 트럼프 취임 후 '전략적 비축 자산'이 되어 국가와 기관, 기업, 개인들이 비트코인을 전략적으로 보유하기 위해 힘을 쏟고 있습니다.

많은 사람들이 비트코인 투자는 이미 늦었다고 이야기합니다. 그렇지 않습니다. 비트코인은 2140년까지 채굴되며 공급이 2,100만 개로 한정된 자산입니다. 24년 12월 기준, 비트코인을 전 세계에 1개 이상 보유하고 있는 지갑 주소는 100만 개가 조금 넘습니다. 전 한국의 많은 가정들이 비트코인을 1개 이상 보유하기를 원합니다.

이 책의 저자는 총 여덟 명입니다. 비트코인코어 개발자, 블록체인캐피탈 벤처 파트너, 비트코인 신 인플루언서인 지미 송, 최근 마이크로스트래티지와 긴밀하게 협업하고 있는 글로벌에서 가장 큰 비트코인 미디어인 〈비트코인 매거진〉의 조지 미카엘, 오스트리아 경제학을 공부하고 라틴아메리카에서 일하는 목사 J.M 부시 등이 함께 쓴 책입니다.

전 미국의 기독교 문화를 직접적으로 체험한 적은 없지만, 혹시 미국의 기독교와 한국의 기독교 사이 정서적 차이가 이 책을 받아들이게 하는 데 어려움이 있거나 문화적 차이에서 오는 괴리감이 있지 않을까 걱정했는데 이 책을 끝까지 읽었을 때 그런 걱정은 온전히 사라졌습니다. 이 책은 한국을 비롯한 전 세계 모든 국가에서 읽을 가치가 있습니다.

오늘날 세계에는 약 200여 개의 국가가 있습니다. 제가 운영하는 회사 업루트컴퍼니에서는 비트코인을 적립식으

로 투자해주는 SW를 남미 페루에 수출했는데, 인접 국가
인 아르헨티나는 5년간 화폐가치가 95% 떨어졌습니다. 악
하고, 무능한 지도자들이 그런 결과를 이끌어냈습니다.

이 책의 내용을 빌려 말해보겠습니다.

"악한 돈은 내일에 대한 희망을 빼앗습니다. 내일을 예
측하기가 점점 더 힘들어지고 저축하려는 의미도 없어집니
다. 바울은 부활에 대한 희망이 기독교의 필수적인 부분임
을 가르쳤습니다. 미래에 대한 희망이 있기에 우리는 세상
적 쾌락에 빠지지 않고 미래를 계획하며 미래를 위해 열심
히 노력합니다. 선한 돈은 우리가 미래를 계획하고 저축하
도록 합니다. 그리고 더 나은 내일을 꿈꿀 수 있게 합니다."
비트코인이 바로 이 '선한 돈'입니다.

그런즉 너희가 어떻게 행할지를 자세히 주의하여 지혜 없는 자 같
이하지 말고 오직 지혜 있는 자 같이하여 세월을 아끼라 때가 악하
니라. —에베소서 5:15~16

이 책을 읽으시는 분들이 '선한 돈' 비트코인의 가치를
깨닫고, '지혜롭게' 비트코인을 저축하며 미래를 맞이하시
길 바랍니다. 감사합니다.

옮긴이의 말

비트코인을 구성하는 많은 개념 중 가장 중요한 것을 하나 꼽으라고 한다면 저는 자유를 고를 것입니다. 아마 많은 비트코이너들이 동의하리라 생각합니다. 이 책의 저자들도 대부분 자신을 자유주의자로 소개하고 있습니다.

자유를 얻기 위해 많은 사람이 목숨을 걸고 싸웠습니다. 부패한 가톨릭에 맞섰던 종교개혁가들, 영국과 프랑스의 전제군주에 저항했던 사람들, 독재와 싸웠던 민주화 운동가들. 그리고 지금도 세계 여러 독재국가에서 많은 사람이 자유를 위해 투쟁하고 있습니다.

현재 대한민국을 비롯한 선진국들은 선배들의 희생으로 얻은 자유를 누리고 있습니다. 하지만 경제가 어려워지고 양극화가 심화되면 극단적인 생각이 나타납니다. 대표적인 자유민주주의 국가인 프랑스와 영국, 미국 등에서 극우 사상의 인기가 날로 높아지고 있습니다. 독일 바이마르 공화국에서는 경제가 황폐해진 지 10년도 지나지 않아 극우 정당인 나치가 정권을 장악했습니다. 독일의 교훈을 잊으면 안 될 것입니다.

자유를 지키고 경제적 번영을 지속하기 위해, 그리고 정부의 권한을 줄이고 더 윤리적인 사회를 만들기 위해 우리는 망가진 현대 화폐 시스템에서 벗어나야 합니다. 다시 한번 자유를 위해 싸워야 합니다.

하지만 우리는 자유를 위해 싸웠던 선배들처럼 목숨을 걸어야 할 필요가 없습니다. 단지 비트코인만 있으면 됩니다. 비트코인을 사고 비트코인을 쓰고 비트코인이 왜 중요한지 알리면 됩니다. 상인이라면 비트코인으로 물건 값을 받고, 프로그래머라면 비트코인 애플리케이션을 만들고, 예술가라면 비트코인 예술작품을 만들면 됩니다. 이 모든 행동이 자유 화폐인 비트코인을 널리 퍼뜨려 우리를 현대 달러 시스템의 속박에서 자유롭게 할 것입니다. 도덕적이고 정의로운 화폐 덕분에 우리는 더 많은 자유를 누리고 더 번영하게 될 것입니다.

원래 이 책을 간단히 요약하여 주변 지인들에게 알리려

했습니다. 하지만 이렇게 정식으로 번역하고 출판하게 되어 감사합니다. 좋은 책을 쓴 저자들에게 감사를 표합니다.

이 책을 통해 여러분이 자유함을 얻기를 소망하고 또 기도합니다.

저자 소개

데릭 월트차크 Derek Waltchack은 2015년에 비트코인을 발견했으며 그 이후 비트코인에 완전히 빠졌습니다. 데릭은 2005년에 앨라배마주 버밍엄에 본사를 둔 종합 상업 부동산 중개 및 투자 회사 섀넌월트차크를 공동으로 설립했습니다. 데릭은 팟캐스트 〈브로커로드Brokerlord〉를 진행하며, 부동산 중개인들이 어떻게 임대인이 될 수 있는지 알려주고 있습니다. 데릭은 바이블 벨트의 중심부인 테네시주 내슈빌에서 자랐고 벨몬트 교회를 다녔습니다. 샘퍼드 대학교를 졸업한 뒤에는 미국장로교 소속인 커버넌트 장로교회에 출석하였고 거기서 아내 러시튼을 만났습니다. 데릭 부부에게는 여섯 명의 멋진 자녀가 있습니다. 트위터(엑스)에서 데릭을 팔로우할 수 있습니다.

게이브 히긴스 Gabe Higgins는 기업가이자 음악가, 기술자, 자유주의자입니다. 게이브는 플로리다주의 클리어워터에 있는 오순절 교회에서 자라며 청소년 찬양단과 교회 밴드에서 드럼과 기타를 연주했습니다. 게이브는 자신의 교회 및 크리스천 하드록 밴드에서 음악 활동을 이어가고 있습니다. 게이브는 2012년 말 론 폴을 통해 중앙은행이 통화정책에 미치는 영향을 이해하게 되었고, 이를 계기로 비트코인을 접하게 되었습니다. 게이브의 경제학과 기술, 정치에 관한 관심은 비트코인에 대한 관심으로 이어졌으며, 지금은 비트코인에 관련된 다양한 사업을 하고 있습니다. 이번 책은 게이브의 첫 저서로, 게이브는 그의 두 아들에게 이 책을 바칩니다. 트위터에서 게이브를 팔로우할 수 있습니다.

조지 미카엘 George Mekhail은 비트코이너이자 전직 목사입니다. 이집트 카이로에서 태어나 콥틱정교회를 다녔습니다. 미국 이민 이후, 그의 신앙 여정은 보수 복음주의 교회에서 시작하여 진보적 복음주의 교회를 거쳐 진보적 주류 교회에 이르기까지 다양한 변화를 겪었습니다. 조지는 '처치 클래리티'라는 단체를 공동 설립했는데, 이 단체는 교회가 신학적으로 보수적이든 진보적이든 관계없이 교회의 입장에 대해 명확히 밝혀야 한다고 주장합니다. 조지는 결혼하여 두 자녀를 두고 있으며 현재는 매주 비트코인 모임에 참여하는 것과 더불어 이 책의 공동 저자들과도 교류하고 있습니다. 트위터에서 조지를 팔로우할 수 있습니다.

지미 송 Jimmy Song은 비트코인 프로그래머이자 기독교 자유주의자입니다. 지미는 대한민국 서울에서 태어났으며, 독실한 외할머니를 통해 복음을 접했습니다. 8살 때 가족과 함께 미국으로 이민을 가 한국 장로교회를 다니기 시작했으며 포도원 교회, 힐송 교회, 장로교, 남침례교 등 여러 교회를 다녔습니다. 다소 보수적인 신학적 견해를 가지고 있으며 오직 은혜solagratia, 오직 믿음sola fide, 오직 그리스도 sola Christus, 오직 성경sola scriptura 원리를 따릅니다. 프랜시스 챈Francis Chan을 닮았다는 말을 자주 듣습니다. 오라일리 O'Reilly에서 출판한 《프로그래밍 비트코인》과 자비로 출판한 《더 리틀 비트코인 북》을 썼습니다. 트위터에서 지미를 팔로우할 수 있습니다.

J.M. 부시J.M. Bush는 우루과이의 수도 몬테비데오에서 새로운 교회를 세우는 선교 사역을 하고 있습니다. 부시는 기독

교 가정에서 태어나 어릴 때부터 신앙생활을 했지만, 고등학교에 가서야 만물 위에 있는 그리스도의 주권을 받아들였습니다. 대학교에서 유대 기독교 경전을 공부하면서 부시의 신앙은 더욱 깊어졌고 경제철학을 공부하면서 비트코인 토끼굴에 빠지게 되었습니다. 남편이자 네 아이의 아버지이며 평범한 사람들도 성경을 쉽게 이해할 수 있도록 돕는 일에 열정을 쏟고 있습니다. 트위터에서 부시를 팔로우할 수 있습니다.

줄리아 투린스키 Julia Tourianski는 정치평론가이자 유튜버입니다. 비트코인이 줄리아의 경제적, 정치적 신념과 잘 맞았기 때문에 비트코인에 관심을 갖게 되었습니다. 《비트코인 독립 선언서》를 썼으며 비트코인 테크놀로지의 중요한 본질을 계속해서 설파하고 있습니다. 20년간 무신론자로 살다가 하나님께 돌아왔습니다. 지금은 동방정교회 신자이며 풍성하게 채워주시는 하나님의 은혜에 매일 감사하며 살고 있습니다. 트위터에서 줄리아를 팔로우할 수 있습니다.

라일 프랫 Lyle Pratt은 투자자이자 프로그래머, 기업가, 경제학 마니아입니다. 라일은 2010년 'BetterVoice.com'을 만들었고, 2016년 인텔리켄트Inteliguent, 나스닥: IQNT에 매각했습니다. 어릴 적에 남침례교에서 신앙생활을 했으나 이후 다른 공동체로 옮겼습니다. 라일은 텍사스주 라운드록에 있는 피스오브크라이스트 교회의 창립 멤버이며, 현재 이 교회에서 라일의 아내 아우렐리아가 담임 목사로 섬기고 있습니다. 라일은 브라질 주짓수를 즐기고, 자유를 소중히 여깁니다. 그리고 무엇보다 가족을 사랑합니다. 트위터에서 라일을 팔로우할 수 있습니다.

로버트 브리드러브 Robert Breedlove는 비트코인 중심의 기업가이자 작가, 철학자입니다. 로버트는 테네시주에서 남침례교회를 다니며 자랐지만, 오랫동안 신에 대한 확신 없이 살았습니다. 이른바 비트코인 토끼굴을 탐험하던 중, 33세에 자신이 다시 기독교로 돌아가고 있음을 깨달았습니다. 특히 오스트리아학파 경제학과 조던 피터슨으로부터 큰 영감을 받았습니다. 이들을 통해 로버트는 현실에 대해 완전한 객관성을 유지하려 했던 자신의 시각을 가치평가나 도덕, 의미 같은 주관적 차원과 조화시킬 수 있게 되었습니다. 로버트는 자유를 최고의 가치로 여기며, 비트코인으로 국가와 화폐를 분리하는 일에 헌신하는 것을 자신의 사명이라 생각합니다. 로버트는 자유 및 자기주권성이 인간의 모든 활동 영역에서 얼마나 중요한지에 대해 글과 미디어를 통해 설파하고 있습니다. 로버트는 트위터에서 비트코인과 거시 경제학, 그리고 철학에 관해 씁니다. 로버트의 최근 소식은 linktr.ee에서 확인할 수 있습니다.

- **데릭 월트차크** X @dwaltchack

- **게이브 히긴스** X @Crypto_Edge | PGP 핑거프린트 E0EC 3883 22B1 6FA7 92FA 21E8 39C3 DFCE 44D3 0F5A

- **조지 미카엘** X @gmekhail

- **지미 송** X @jimmysong | PGP 핑거프린트 C1D7 97BE 7D10 5291 228C D70C FAA617E3 2679 E455

- **J.M. 부시** X @jmbushwrites

- **줄리아 투린스키** X @BraveTheWorld | PGP 핑거프린트 5B51 A372 0F49 6281 ACA2 287E 1057 2E34 9297 B40F

- **라일 프랫** X @lylepratt

- **로버트 브리드러브** X @Breedlove22 | website https://linktr.ee/robertbreedlove

참고문헌

비트코인 경제학

* 사이페딘 아모스, 《달러는 왜 비트코인을 싫어하는가》, 위대선 옮김, 터닝포인트, 2018
* 비제이 보야파티, 《비트코인 낙관론》, 1분 비트코인 옮김, 논스랩, 2024

비트코인 기술 자료: 기초

* The Bitcoin Collective, The Little Bitcoin Book
* Kiara Bickers, Bitcoin Clarity
* 얀 프리츠커, 《인벤팅 비트코인》, 허성필 옮김, 자비출판, 2021

비트코인 기술 자료: 고급

* Satoshi Nakamoto, Bitcoin: A Peer-to-Peer Electronic Cash System
  https://nakamotoinstitute.org/bitcoin
* Kalle Rosenbaum, Grokking Bitcoin
* 송재준(Jimmy Song), 《밑바닥부터 시작하는 비트코인》, 류정필 옮김, 한빛미디어, 2019

웹사이트

* https://thankgodforbitcoin.org
* https://lopp.net/bitcoin
* https://bitcoin-resources.com

감수·출판기획자 **강승구**

크리스천. 비트코이너. 비트코인 적립식 투자 솔루션 '비트세이빙'을 운영하는 업루트컴퍼니의 공동창업자이자 부대표이다. 업루트컴퍼니는 국내 최초로 온체인 데이터, AI를 활용한 비트코인 적립식 투자 솔루션 '비트세이빙'을 론칭했으며, 스트래티지(구 마이크로스트래티지)와 비트코인 매거진이 운영하는 'Bitcoin for Corporations'에 국내 최초로 가입한 기업이다. 비트코인뿐만 아니라 연쇄 창업가이자 벤처기업협회 멘토, 창업진흥원 평가위원 일 등을 하며 창업생태계에서 폭넓게 활동 중이며 창업 전에 이랜드를 비롯한 국내, 외국계 대기업에서 전략기획 업무를 하였다.

옮긴이 **김명훈**

외가의 영향으로 어릴 때부터 교회를 다녔다. 찬양단에서 기타를 연주했고 '예레미' 등 크리스천 메탈 밴드의 음악을 좋아했다. 한동대학교에서 경제학과 전산학을 전공했으며 대안 디자인 교육기관인 '디학'에서 공부했다. C. S. 루이스와 폴 트루니에를 즐겨 읽고 칼뱅주의 5대 교리를 따른다. 앱 및 웹서비스를 만들고 있으며 me@myounghoon.kim으로 연락할 수 있다.

땡스 갓 포 비트코인

초판 1쇄 발행 | 2025년 4월 25일

© 지미송 외, 2025

지은이 | 지미송, 데릭 월트차크, 게이브 히긴스, 조지 미카엘, J.M. 부시,
　　　　줄리아 투린스키, 라일 프랫, 로버트 브리드러브
펴낸곳 | 거인의 정원
등　록 | 제2023-000080호(2023년 3월 3일)
주　소 | 서울특별시 강남구 영동대로602, 6층 P257호
이메일 | nam@giants-garden.com